대화의 품격

김지현 지음

교보문고

머리글

말 잘하는 사람이 되기로 결심하자, 내 인생이 완전히 달라졌다

나는 대학 졸업을 앞두고 방송사 시험에 합격해 29살까지 꿈에 그리던 방송인의 길을 걸었다. 마흔이 가까워졌을 무렵, 방송을 하던 내 모습이 그리웠지만 이미 그 길에서 저만치 멀어진 뒤였다. 아이를 낳아 기르고 오롯이 가족을 돌보는 데 나의 30대를 통째로 바쳐야 했기 때문이다. 게다가 경단녀인 나에게 다시 방송을 할 수 있을 거라는 희망을 말해주는 사람은 단 한 명도 없었다. 다시 일하고 싶은 마음은 간절했지만 이번 생에서는 불가능한 일이라는 생각만 들었다. 이미 방송 경력보다 그 경력이 단절된 시간이 훨씬 길었기에 내세울만한 것이 없었다. 탄탄한 실력과 아름다운 외모,

그리고 통통 튀는 젊음으로 무장한 방송인 지망생들을 볼 때마다 나만의 경쟁력을 찾아야 한다는 초조함이 들었다. 깊은 고민의 끝은 결국 '말'이었다. 내가 승부를 걸어볼 만한 것은 오직 말을 더 잘하는 것뿐이었다.

방송인의 말하기는 일상에서의 말하기보다 발성, 발음, 리듬 같은 기술적 숙련도가 필요하긴 하지만 큰 틀에서는 다를 것이 없다. 평소 대화에 능숙하지 않은 사람이 방송에서 엄청난 매력으로 시청자를 사로잡을 수는 없는 노릇이다. 나는 '말 잘하는 사람'이 되기로 결심한 날부터 말하는 법에 관한 책을 닥치는 대로 파고들고 화술이 좋은 사람들의 영상을 보며 열심히 연구했다. 더 나은 모습을 갖추기 위해 애쓰는 시간이 쌓일수록 나 자신도 느낄 만큼 변화가 보이기 시작했다. 사람들과 어떻게 대화해야 할지 어렴풋이 깨닫게 되었고 오랫동안 쉬었던 방송이지만 감을 찾아가는 듯했다. 아니, 오히려 예전보다 방송을 바라보는 시야가 넓고 깊어진 것 같았다. 그렇게 수년 간 방송 복귀만을 꿈꾸며 분투했던 지난한 시간을 거쳐 거짓말처럼 기회가 찾아왔고 나는 그것을 놓치지 않았다. 마흔에 다시 아나운서가 된 것이다. 사람들은 내게 "그 어려운 걸 어떻게 해냈느냐"고 묻는다. 단언컨대 이 모든 결과는 내가 가진 남다른 무기 덕분이다. '말 잘하는 사람'을 보고 배우며 좇으려 했던 오랜 노력 말이다. 그동안 내가 보고, 듣고, 읽은 말 잘하는 사람들은 타인과의 사소한 잡담, 난처한 상황에서의 한마디, 원하는 것을 얻기 위한 대화의 태도가 완전히 달랐다. 다양한 관계 속에서 타인의 호감을 얻고 어려움을 지혜롭게 해결해 나가며 어려움조차 자신의 기회로 바꾸었다.

부끄러운 고백이지만 20대 시절의 나는 방송을 잘하지 못했다. 스스로가 열등생이라는 사실을 누구보다 잘 알았기에 너무도 괴로웠다. 방송에 익숙해질수록 소위 말하는 테크닉이 생겼지만 진짜 실력은 좀처럼 늘지 않는 듯했다. 잘하고 싶은데 마음만 조급해서 늘 '나는 재능이 없는 건가'라는 고민만 가득했다. 말 잘하는 사람에게는 있는 무언가가 내게는 없었다. 그때는 그것이 무엇인지 몰랐지만 지금은 안다. 나는 '말하기'가 무엇인지 제대로 알지 못했던 것이다. 그저 정확한 발음과 듣기 좋은 목소리를 가진 사람이 말 잘하는 사람이라고 생각했다. 하지만 그것은 좋은 말하기의 충분조건이 아님을 뒤늦게 깨달았다.

내가 긴 공백 끝에 방송에 복귀한 비결은 이 깨달음에서 시작한다. 이후 '대화란 무엇인가'에 대한 답을 발견했고, 내가 알게 된 것을 부지런히 실천으로 옮겼다. 누구를 만나든, 어떤 상황에서든 누구에게도 상처주지 않으면서 내 목소리를 내고 원하는 것을 얻는 대화를 했다. 단순히 훌륭한 방송인이 되고 싶어서가 아니라 내 인생을 채워줄 사람들과 좋은 관계를 맺고 그 속에서 내 사람을 얻고 싶어서였다.

내 생각은 틀리지 않았다. 노력이 계속되던 어느 날 어렵게 찾아온 기회를 내 것으로 만들 수 있었다. 나보다 뛰어난 사람이 없어서 내가 방송 복귀라는 기회를 차지한 것은 분명 아니다. 다만 내가 모든 대화의 태도를 바꾸려 애쓸수록 나를 둘러싼 모든 것도 변하기 시작했다. 내가 말문을 열면, 상대는 마음문을 열어주었다. 그리고 예상치 못한 곳에서 도움과 기회가 나를 찾아왔다. 그렇게 방송을 다시 시작한 뒤 나는 그토록 듣고 싶었던 '따뜻한 말을 하는 사람'이라는 칭찬까지 받았다.

방송에 복귀하면서 토크쇼, 시사 프로그램, 심야 라디오를 진행했고 각계각층의 다양한 인물을 만나 이야기를 나누었다. 매번 새로운 사람과 깊이 대화하고 이야기를 이끌어내는 일은 언제나 어려운 숙제지만 여기서 배우는 기쁨은 무엇보다 컸다. 그리고 그들과 함께하는 동안 자신의 분야에서 성공한 사람들은 하나같이 좋은 대화의 기술을 알고 실천하고 있다는 사실을 또다시 확인할 수 있었다. 경청과 공감, 상대의 감정을 읽기 위한 세심한 배려가 눈에 보였다. 그들 역시 관계가 주는 스트레스와 오해, 인정받지 못할 때의 분노와 좌절을 경험했지만 다르게 대응했다. 어떤 상황에서도 품격 있는 대화로 상대를 자신의 편으로 만들었다.

대화는 관계의 모든 것이다. 관계를 만들고 꽃피우고 허물기도 하며 그 속에서 기회와 성장을 가져다준다. 내가 이 책을 쓰기로 결심한 것은 말하기의 놀라운 힘을 체계적으로 공부해보고 싶었기 때문이다. 말의 힘이 얼마나 대단한 것인지를 경험한 당사자로서, 수많은 출연자로부터 깨달은 품격 있고 나의 가치를 높여줄 대화의 방법을 정리해보기로 한 것이다. 막연한 말 대신 명확한 연구자료와 근거를 바탕으로 대화가 우리 삶에서 얼마나 지배적인 역할을 하는지, 그것을 어떻게 활용할 수 있는지를 논리적으로 설명하고 싶었다.

《대화의 품격》은 하버드 협상연구소에서 발표한 대화와 협상에 관한 연구이론을 큰 축으로 구체적인 대화의 방법론을 제시한다. 하버드 로스쿨의 '하버드 협상연구소'는 40여 년간 협상과 커뮤니케이션에 대해 연구하며 세계적인 명망을 얻고 있다. 이곳에서 개발하고 검증한 이론을 많은 사람들이 일상의 대화에서도 활용할 수 있기를 바라는 마음으로 이 책을 써나갔다. 그 외에도 다양한 하버드의 연구 결과와 사례를 중심으로 한 대화법을 쉽고 재미있게 설명하려 노력했다. 실생활에서 하는 이야기를 바탕으로 언제든 적용 가능한 구체적인 대화도 제시했다.

대화는 우리가 살아가는 모든 순간을 관통하는 삶의 도구이며 관계의 통로다. 누구나 말 잘하는 사람, 대화를 나누고 싶은 사람이 되고 싶어 하지만 생각을 행동으로 옮기는 일은 어렵기만 하다. 결정적인 순간에 늘 관성처럼 평소의 말 습관이 툭 하고 튀어나와 버린다. 하지만 당신이 지금 어디에서 무엇을 하고 어떤 위치에 있든 품격 있는 대화를 시도할수록 당신은 더 나은 사람이 될 것이다. 더불어 원치 않는 누군가의 공격으로부터 자신을 현명하게 지킬 수 있으며, 보다 쉽게 원하는 것을 얻을 수 있다. 부디 이 책이 당신에게 그런 든든한 밑을 구석이 되고 더 나은 대화법을 내 것으로 만들고 싶다는 소중한 동기가 되었으면 한다.

마지막으로 태어난 날부터 매순간 내게 가장 큰 영감을 주는 존재인 주원이와 내 인생 최고의 지지자 엄마, 그리고 이 책이 세상에 나올 수 있도록 나의 원고를 알아봐주고 진심어린 지원과 배려를 베풀어준 정혜림 편집자, 교보문고에 온 마음으로 감사드린다.

2020년 12월 김지현

| 차례 |

3부 | 말하기는 어떻게 나의 무기가 될까

4부 | 말로 호감 주는 사람, 말로 상처 주는 사람

5부 | 다시, 말하기를 배우다

6부 | 같이 일하고 싶은 사람의 대화법

1부

하버드식 대화법의 핵심

1___ 사람을 움직이는 힘은 감정이다

"남자들이 화성 사람이고 여자들이 금성 사람이라고 한다면, 이제 당신은 금성 사람들이 하는 말을 하면 되는 거라고요. 그러면 세상은 당신 것이죠."

욕실 바닥에 쓰러지는 사고 후 닉은 갑자기 이상한 환청을 듣는다. 주위 여자들의 감정과 생각, 모든 속마음이 들리는 것이다. 당황한 닉이 정신과를 방문하자 의사는 이처럼 말한다. 그렇다. 그는 이제 세상을 가질 만한 엄청난 능력을 얻었다. 영화 〈왓 위민 원트〉의 이야기다. 우연히 생긴 놀라운 능력 덕분에 닉은 여자들의 사랑을 얻고 직장에서도 인정과 신뢰를 받게 된다.

다른 사람의 감정을 읽을 수 있다면 대화하고 인간관계를 유지하는 일이 얼마나 쉬워질까. 물론 영화 속에서나 가능한 일이다. 하지만 감정을 잘 다룰 수만 있다면 누구와도 편안하게 대화할 수 있다. 모든 대화에는 이성과 감성이 섞여 있다. 이성만으로 이루어진 대화는 없고, 감성만으로 이루어진 대화도 없다. 그런데 많은 사람들이 대화는 이성과 논리가 중심이 되어야 한다고 생각한다. 인간은 합리적 사고와 이성적 판단을 하지만 그에 앞서 감정에 의해 움직이는 '감정적 동물'이다. 물론 감정에 의해서만 생각하고 행동하는 것은 아니지만 감정은 우리의 의지와 상관없이 모든 일에 영향을 미친다. 전래동화 〈별주부전〉의 토끼 간처럼 마음대로 떼어놨다가 다시 붙일 수 있는 것이 아니다. 따라서 감정만 잘 다뤄도 모든 대화와 소통이 한결 수월하다.

문제는 세상에 존재하는 모든 감정을 일일이 신경 쓸 수 없다는 것이다. 하버드 대학교 로스쿨의 '하버드 협상연구소Harvard Negotiation Project'를 이끄는 다니엘 샤피로Daniel Shapiro와 로저 피셔Roger Fisher는 감정에 결정적 영향을 주는 5가지 욕구에 집중하면 상대의 감정을 다룰 수 있다고 말한다. 감정을 움직이는 5가지 핵심은 인정, 친밀감, 자율성, 지위, 역할이다. 이는 존중받고 싶어 하는 인간의 욕구와 연관한 것이다. 5가지 욕구를 제대로 활용하면 누구에게나 긍정적인 감정을 불러일으킬 수 있고 품격 있는 대화가 가능하다.

그럼 감정에 커다란 영향을 주는 5가지 욕구에 대해 자세히 알아보자. 첫째는 '인정'이다. 상대를 인정하는 것은 그로부터 긍정적인 감정을 끌어내야 할 때 가장 효과적인 전략이다. 누구나 인정받고 싶어 한다. 우리는 누군가에게 인정받았다고 느끼는 순간 스스로의 가치가 올라갔다는 기분이 들고 그의 말을 더 잘 들어주며 협력하고 싶은 마음이 커진다. 누군가에게 인정의 말을 전할 때는 따뜻하고 긍정적인 말투를 사용해야 빠르게 전달된다.

둘째는 '친밀감'이다. 상대와의 공통점이나 연관성을 찾아 거리를 좁히면 어떤 대화든 쉽게 풀어갈 수 있다. 친밀감은 더 이상 남이 아닌 가까이 지내는 사이라는 감정이다. 대화 상대에게 편안한 기분을 느끼면 자연스레 마음도 열린다. 그러니 본격적으로 대화를 시작하기 전에 상대와 어떤 식으로 관계를 맺을 수 있을지 조사해보자. 공통점을 찾거나 상대의 사소한 말이나 행동에도 적극 공감하면서 서서히 친근함을 느끼도록 한다. 상황이 여의치 않을 때는 대화 중에 상대에게 직접 물어볼 수도 있다.

셋째는 '자율성'이다. 이는 인간의 기본 욕구로 누군가 자신의 자율성을 침범하면 의도와 관계없이 화가 나고 반발심을 느낀다.

자율성을 존중받으면 일과 관계 등에 있어 의욕적인 태도를 보이고 주저 없이 자신의 생각을 말한다. 그러니 대화할 때는 결정을 내리기 전에 상대의 의견을 물어보거나 그와 상의할 수 있는 상황을 만들어주는 것이 좋다. 상대가 자신의 자율성이 충분히 보장받고 있다고 느끼는 것도 중요하지만, 침해받았다고 느끼지 않는 것이 더욱 중요하다.

넷째는 '지위'다. 이는 '인정'과 겹치는 욕구이기도 하다. 자신의 지위가 낮게 취급받기를 원하는 사람은 없다. 우리는 모두 각자의 분야에서 저마다의 지위를 가지고 있다. 따라서 언제나 상대에게 예의를 갖춰야 한다. 만약 상대가 무시 받았다는 부정적 기분에 빠진다면 더 이상 대화에 적극적인 태도를 보이지 않을 것이다.

마지막은 '역할'이다. 누구나 어떤 식으로든 주어진 역할이 있다. 여기서 말하는 역할은 성취감과 관련한 것이다. 직장에서든 가정에서든 분명한 목적이 있는 역할을 맡고 싶은 것이 인간의 본성이다. 가치도 없고 의미도 없어 보이는 공허한 역할은 인간의 성취욕을 채워주지 못한다. 따라서 상대 혹은 자신에게 의미 있는 역할을 부여해야 한다. 이는 자발적 동기부여에 중요한 원동력이 된다.

인정, 친밀감, 자율성, 지위, 역할이라는 욕구가 충족된 사람은 긍정적 감정을 느낀다. 이는 대화에 적극적으로 협력하고 믿음을 주려는 태도로 이어진다. 만일 대화 도중 상대가 불쾌함을 나타내거나 계속해서 부정적인 모습을 보인다면 5가지 욕구를 점검해 원인을 찾을 수도 있다. 이들 욕구는 인간의 행동에 강력한 동기부여를 하므로 문제를 해결하거나 재발하는 것을 예방할 수 있다.

5가지 욕구를 활용해 갈등을 해결한 역사적인 사례가 있다. 페루와 에콰도르는 과거 오랫동안 대립 관계에 있었다. 원인은 두 나라의 접경에 위치한 영토를 둘러싼 충돌이었다. 미국 정부는 두 나라의 상황을 '서구 역사상 가장 오래 지속된 무력 분쟁'이라고 표현했다. 스페인 국왕, 미국의 루스벨트 대통령도 이 상황을 해결하고자 나섰지만 모두 실패했다. 1998년 에콰도르 대통령에 당선된 하밀 마우아드Jamil Mahuad는 첫 임무로 페루와의 오랜 갈등 해결을 맡았다. 하밀 대통령은 두 나라 사이의 평화를 위해 자신의 스승이자 하버드 협상연구소의 설립자인 로저 피셔 교수에게 연락했다.

"3일 뒤 페루의 후지모리 대통령과 만나기로 했습니다. 회담에서 뭐라고 말하면 좋을까요?"

피셔 교수는 '조언을 청하라'고 제안했다. 페루 대통령에게 "우리 입장은 이렇습니다만, 당신의 입장은 무엇입니까?"라는 식으로 말해서는 안 된다는 것이다. 대신 다음과 같은 의견을 내주었다.

"8년 동안 대통령직에 계시지 않습니까? 제 선임 대통령들과도 일해 오셨고요.(인정) 저는 대통령에 취임한 지 이제 겨우 3일째입니다.(지위) 이 분쟁을 현실적으로 해결하기 위해 어떤 조언을 주시겠습니까?(자율성) 잘 아시겠지만 에콰도르 국회에서 제가 '페루가 원하는 대로 다 해줍시다'라고 한다면 그 법안은 절대 통과되지 못할 것입니다.(친밀감) 대통령의 현실적 조언을 듣고 싶습니다.(역할)"

이런 방식의 대화 끝에 두 나라는 적대적 대립 관계에서 함께 문제를 해결하는 협력 관계가 되었다. 그리고 10번의 회담이 더 열린 후 양국은 완전한 법적 협약을 체결했고 이는 현재까지 지속되고 있다. 두 나라의 지도자는 이 협약으로 1998년 노벨 평화상 후보에도 올랐다. 5가지 욕구를 활용해 대화하면 위와 같은 공식적인 문제는 물론이고 일상 속 개인적인 일에도 도움이 된다.

박 부장은 평소 다른 사람과의 대화에 능숙하다는 평가를 받는다. 그가 처음 만난 거래처 담당자와 나눈 이야기를 살펴보자.

박 부장 김 부장님의 탁월한 일 처리에 대한 명성은 이미 많은 분들께 들었습니다.(인정) 이전에는 은행에 근무하셨다면서요? 저도 전 직장이 은행이었습니다. 저와 통하는 부분이

많으실 것 같습니다.(친밀감)

김 부장 그렇군요. 정말 반갑습니다. 공통점이 있는 분과 일하게 되어 진행이 수월할 것 같은 예감이 드네요. 일단 이번 프로젝트는 어떤 형식으로 진행하기를 원하시나요?

박 부장 네, 저희 회사에서는 기존에 하던 형식을 그대로 따르자는 의견과 새로운 형식을 시도해보자는 의견이 모두 있습니다. 아직 확정하진 않았고요. 김 부장님의 의견을 들어보고 함께 결정하고 싶습니다.(자율성, 역할)

김 부장 잘됐네요. 마침 새로운 형식의 아이디어가 있습니다. 우리나라에서는 아직 시도한 적이 없지만 해외에서는 이미 몇 차례 진행된 방식으로 모두 큰 호응을 얻었답니다. ○○○ 프로젝트라는 것입니다.

박 부장 역시 이 분야 최고 전문가다우십니다. 저도 앞으로 김 부장님께 많이 배우고 싶습니다!(지위)

김 부장 하하, 과찬이십니다. 좋은 파트너를 만났으니 저희도 최선을 다해 이 프로젝트를 성공적으로 이끌어보겠습니다. 이렇게 믿어주시니 힘이 납니다.

박 부장은 상대의 5가지 욕구를 충족시켜줌으로써 기분 좋게 대화를 마무리했다. 게다가 김 부장이 스스로 일에 대해 적극적인 동기부여를 하도록 도왔다. 이렇듯 존중받고 싶다는 욕구가 충분히 해결되면 상대로부터 긍정적인 감정을 이끌어낼 수 있다. 이는 성공적인 대화로 연결되고 적극적으로 협력할 내 편이 생긴다. 반면 이들 욕구를 소홀히 하면 상대는 무시당했다는 생각에 적대적인 태도를 보인다. 강한 부정적 감정이 생긴 뒤에는 좋은 대화는커녕 관계를 원래대로 회복하기까지도 많은 노력이 필요하다.

Check Point

[1] 모든 인간은 감정의 지배를 받는다.

[2] 상대의 감정을 움직이는 인정, 친밀감, 자율성, 지위, 역할을 존중하자.

2___ 호기심은 대화를 꽃피운다

하버드 협상연구소는 매년 '위대한 협상가상Great Negotiator Award'을 수여한다. 오가타 사다코Ogata Sadako 전 UN 난민고등판무관, 북아일랜드 평화 협상을 이끈 조지 미첼George Mitchell 전 상원의원, M&A 전문가 브루스 바서스타인Bruce Wasserstein, 환경 예술가 잔 클로드Jeanne-Claude와 여러 국가의 대통령 등 다양한 분야의 수상자가 탄생했다. 시상식 직후 이어지는 인터뷰에는 반드시 수상자에게 건네는 질문이 있다. 바로 "위대한 협상가의 자질은 무엇입니까?"이다. 저마다 다른 문화와 상황, 지위와 역할에서 복잡한 분쟁이나 문제를 해결한 수상자들이지만 이들의 대답에는 한 가지 공통점이 있다. '공감'이 필요하다는 것이다. 이는 민족 간 분쟁, 국제 무역 거래처럼 크고 어려운 협상에만 적용되는 이야기가 아니다. 동료와의 대화, 잠을 자지 않겠다는 아이와의 실랑이, 부부싸움 등 일상에서도 중요하다.

대화란 다른 사람이 상황을 어떻게 인식하는지 이해하고 공감하기 위해 노력하는 것이다. 대화에 관한 흔한 오해는 '서로의 말을 전달하는 것'이라는 생각이다. 대화는 전달이 아니라 이해다. 대화를 잘하려면 자신의 이야기를 '전달하려는 태도'에서 서로를 '이해하려는 태도'로 바꿔야 한다. 여기서 이해란 우리가 흔히 말하는 "네가 이해해"처럼 무조건 양보하라는 뜻이 아니다. 상대가 상황을 바라보는 시각을 받아들여야 한다는 뜻이다.

심리학자이자 하버드 교육대학원 교수인 리처드 웨이스보드Richard Weissbourd는 "공감 능력에서 중요한 것은 '관점 수용' 능력"이라고 말했다. 그리고 "상대의 의견에 동의하지 않아도 상대의 관점을 존중하며 이해할 수 있어야 한다. 이는 학습과 훈련을 통해 갖출 수 있다"라고 덧붙였다. 사람들은 갈등 상황에 놓이면 말로써 상대를 이겨야겠다고 생각한다. 마치 대화를 이기거나 져야 끝나는 게임으로 생각하는 것이다. 그러나 대화가 전투가 되면 결국 서로에게 남는 것은 상처와 분노, 죄책감뿐이다.

하버드 협상연구소는 적대적인 대화에는 분명한 한계가 있다고 말한다. 대신 서로를 이해하고 상대의 감정을 존중할 때 동등한 관계에서의 대화가 가능하다고 강조한다. 여기서 기억해야 할 것은 상대를 이해한다는 것이 상대의 의견에 대한 동의가 아니라는 점이다. 자기 생각을 버리라는 뜻이 아니다. 그러니 상대를 이해하려 노력한다고 해서 자신의 결정권이 줄어들지는 않는다.

긍정적인 분위기의 대화는 누구나 편안하고 즐겁게 여기지만 무겁고 어려운 상황에서 대화를 이어가야 할 때도 많다. 이를테면 연봉 인상을 요구하거나 인간관계를 끊을 때, 협상 테이블, 고객을 상대로 제품을 판매할 때, 상사에게 요구 조건을 제시할 때 등이다. 부탁을 거절하거나 무례한 말에 상처받았을 때도 마찬가지다. 불리한 입장이거나 자존심이 상할 때, 잘 보이고 싶은 사람과의 대화 등에서도 어려움을 겪는다.

보통 이런 이야기는 미루고 미루다가 더 이상 어쩔 수 없는 상황에서 마지못해 꺼낸다. 어떻게 말할지 머릿속에서 수없이 연습도 해본다. 그런데 막상 말을 하고 난 뒤에는 '차라리 이렇게 얘기할 걸' 하며 후회하는 경우가 많다. 그만큼 어려운 대화일수록 상대에 대한 이해가 더욱 중요하다. 상대의 관점에서 이야기할 때 비로소 상대도 내 이야기에 관심을 갖기 때문이다.

예를 들어 당신의 고등학생 아들이 담배를 피운다는 사실을 알게 되었다고 하자. 당신은 아들이 당장 담배를 끊어야 한다고 생각할 것이다. 담배는 건강에 나쁘고 아들은 아직 미성년이니 당연히 당신의 생각은 옳다. 하지만 아들에게 "내 말이 옳으니 당장 담배 끊어!"라고 말한다면 과연 아들이 바로 그러겠다고 할까? 대화의 쟁점은 당신과 아들 중 누가 옳은가가 아니다. 아들이 흡연에 대해 가진 생각이 먼저다. 그리고 부모로서 담배가 아들의 건강에 해롭다는 것을 알고 있는 당신의 두려움이 다음 문제다. 중요한 것은 이 문제를 두고 당신이 어떤 역할을 해야 하느냐는 것이다. 흡연이 건강에 나쁘다는 사실은 아들도 잘 알고 있다. 당신은 아들의 관점에서 흡연 문제를 바라보아야 한다. 아들이 흡연을 시작할 때 어떤 감정과 동기가 있었는지 물어보고 이해해주어야 한다. 당신과 아들의 관점을 서로 확인한 지점에서 대화가 이어져야 한다. 강압적으로 아들에게 담배를 끊으라고 말하면 아들은 더 방어적인 태도를 보이며 반발할 것이다.

사람들이 타인과의 대화를 어려워하는 가장 큰 이유는 상대에게 상처를 주진 않을까 하는 걱정과 내가 상처받을 수 있다는 두려움이 앞서기 때문이다. 대화에 대한 두려움과 불안을 완전히 없애는 것은 불가능하다. 다만 줄여나갈 수는 있다. 먼저 대화에 있어서만큼은 현실적인 목표를 세우고 자신에게 관대해져야 한다. 나를 이해하는 것이다. 다음으로 대부분의 사람들 역시 나처럼 대화를 어렵게 생각한다는 사실을 되뇌인다. 이것은 상대의 관점에 대한 이해의 시작이기도 하다. 나를 이해하면 상대를 이해할 수 있게 된다.

다른 사람을 잘 이해하려면 먼저 상대의 의도를 잘 알고 있다는 생각부터 버려야 한다. 우리는 항상 다른 사람들의 의도를 궁금해 한다. 그래서 끝없이 상대의 마음을 신경 쓰고 추측한다. 안타깝게도 그 추측이 맞을 확률은 매우 낮다. 문제는 그럼에도 우리가 다른 사람의 의도를 안다고 착각하는 데서 시작된다. 내가 다 알고 있다는 오만한 착각을 버리고 순수한 관심으로 상대의 말을 이해하려 노력해야 한다.

그 다음에는 서로의 감정을 인정하는 것이 중요하다. 다른 사람의 감정을 인정한다는 것은 내가 상대의 말에 영향을 받았다는 사실을 표현하는 것이다. 상대의 감정을 중요하게 여기며 이해하기 위해 노력중이라는 것을 보여주려는 행동이다. 예를 들면 다음과 같은 말이다.

"어머, 당신은 그렇게 느끼셨군요. 전혀 몰랐어요."

"그렇게 느낄 수도 있다는 생각을 하긴 했지만, 당신의 마음을 편하게 말해줘서 정말 고마워요."

"이건 당신에게 정말 중요한 문제인 것 같네요."

감정을 인정해주는 것은 모든 관계에서 중요하다. 특히 해결이 불가능해 보이는 심각한 문제에서는 더욱 그렇다.

하버드 대학교 로스쿨의 더글러스 스톤Douglas Stone 교수는 "상대를 이해하는 유일한 길은 호기심"이라고 말했다. '그들은 어떻게 그렇게 생각할 수 있지?' 대신에 '그들은 내가 모르는 어떤 정보를 갖고 있을까?', '그들은 세상을 어떻게 보고 있는 것일까?'라고 생각해보라는 것이다. 내 생각에만 기초한 확신은 상대를 이해할 수 있는 길을 막아버린다. 하지만 상대에 대한 호기심은 그 길을 열어줄 것이다.

Check Point

[1] 대화는 '이해'다.

[2] 상대의 관점에서 바라보고, 상대의 감정을 인정하는 관대함이 필요하다.

3___ 그냥 듣는 것과 제대로 듣는 것은 다르다

"경청을 잘해야 대화를 잘한다."

경청이 중요하다는 걸 모르는 사람이 있을까? 그럼에도 이 뻔하고 지겨운 이야기를 또 해야 하는 이유가 있다. 모두가 안다고 생각하지만 그만큼 잘 모르는 것이 '경청'이기 때문이다. 하버드 협상연구소의 표현을 빌리자면 '경청은 최고의 대화 기술'이다. 어떻게 말을 해야 할지 도무지 모를 때는 일단 경청하면 된다. 경청만으로도 우리는 충분히 훌륭한 이야기 상대가 될 수 있다.

그렇다면 경청을 잘한다는 건 무엇일까? 단순히 듣기만 하는 것은 어려울 것이 없다. 하지만 능동적으로 들어야 하는 경청은 다르다. 특히나 스마트폰 속 인터넷, SNS, 유튜브, 음원 재생 앱 등 경청의 방해꾼이 많은 요즘 같은 시대에는 더욱 그렇다. 경청을 잘 못하는 것은 어쩌면 개인의 부족함이라기보다 인간의 타고난 성향일지도 모른다. 그래서 경청은 애써 의식하며 의도적으로 훈련해야 하는 기술이다.

컨설팅 기업 액센추어Accenture는 경청에 관한 조사를 했다. 30개국 수천 명의 성인 남녀를 대상으로 자신의 듣기 능력을 평가하도록 했다. 그 결과 대부분 자신이 상대의 이야기를 잘 들어주는 사람이라고 대답했다. 재미있는 점은 실제 상황은 조사 결과와 정반대라는 사실이다. 조사 대상자의 98%는 자신이 하루 중 상당한 시간을 산만하게 보낸다는 사실을 시인했다. 그리고 그중 절반 이상은 디지털 작업이 자신의 경청 능력을 떨어뜨린다고 털어놨다. 86%는 온라인 회의 시간에 멀티태스킹을 한다고 답했다. 하지만 많은 연구 결과가 증명한 것처럼 멀티태스킹은 환상일 뿐이다. 이메일을 확인하거나 문서를 작성하면서 상대의 말을 제대로 듣는다는 건 불가능에 가깝다.

결국 경청에서 가장 중요한 것은 상대의 이야기에 집중하고 상황을 이해하려는 마음가짐이지만 이 외에도 도움이 되는 구체적인 방법이 있다. '질문하기'와 '바꾸어 표현하기'다. 잘 듣고 싶어도 상대가 이야기를 들려주지 않으면 경청의 기회는 주어지지 않는다. 듣기 위해 질문은 반드시 필요하다. 또 상대의 이야기가 진정성 있게 이어지도록 하려면 내가 경청 중임을 상대에게 알려야 한다. 이때 '바꾸어 표현하기'가 필요하다.

먼저 경청을 위한 질문 방법을 알아보자.

"오늘 오후에 비 예보가 있던데 우산 가져오셨어요?" "네."

"학교에서 별일 없었어?" "네, 없었어요."

이렇게 '네', '아니요'로만 대답해야 하는 닫힌 질문으로는 상대의 이야기를 들을 수 없다. 그보다는 상대가 자유롭게 대답할 수 있는 질문을 해야 한다. "취미가 뭐예요?", "학생 때는 꿈이 뭐였어요?" 같은 질문을 말한다. 다만 열린 질문에는 반드시 지켜야 할 조건이 있다. 상대를 이해하기 위한 질문이어야 한다는 것이다.

"냉장고 문을 계속 저렇게 열어둘 거니?"

"한 번만이라도 내 말에 집중을 못 하겠니?"

"꼭 그렇게 거칠게 운전해야겠어?"

이런 식으로 하고 싶은 말을 질문으로 가장하면 안 된다.

다음으로 바꾸어 표현하기는 상대의 이야기를 내가 이해한 방식으로 나의 말로 바꿔서 표현하는 것이다. 여기에는 두 가지 장점이 있다. 내가 이해한 것이 맞는지 확인할 수 있고, 상대에게 내가 당신의 이야기를 잘 들었다는 것을 확인시켜줄 수 있다. “방금 말씀하신 내용을 저는 ○○○이라는 뜻으로 이해했는데 혹시 제 생각이 맞나요?” “아, 그 부분에 대해 저도 궁금했는데 그렇게 되었군요!” 이렇게 말해볼 수 있다. 만약 상대가 대화 도중 같은 말을 반복한다면 내가 제대로 이해하지 못했다고 판단했을 가능성이 높으니 바꾸어 표현하기로 의심을 없애주는 것도 중요하다.

앞서 경청에서 중요한 것은 마음가짐이라고 했다. 훌륭한 경청의 핵심은 표현보다 진실성이기 때문이다. 상대의 이야기를 듣고자 하는 내 의도가 진실하지 못하면 어떤 말이나 행동도 소용없다. 반대로 의도가 진실하다면 조금 서툰 표현일지라도 힘을 갖는다. 진실한 경청은 의무감이 아닌 진정으로 걱정되고 궁금해서 귀 기울이는 것이다. 이는 앞서 이야기한 ‘상대의 입장에서 이해하기’와 연결된다.

진실한 경청을 하고 싶다면 먼저 호기심의 태도로 자세를 바꾸면 된다. 우리는 때때로 상대의 감정이나 그들이 하려는 말을 이미 알고 있다고 생각한다. 그러나 모든 사람의 인생은 제각각의 심오함이 있고 쉽게 짐작할 수 없을 만큼 복잡하다. 내가 알고 있는 것은 손톱보다 작다는 사실을 떠올리며 말을 하고 말을 듣자.

듣는다는 것은 언뜻 수동적인 행위인 듯 보이지만 경청에는 상당한 설득력이 있다. 단순히 정보를 받아들이는 것이 아니고 상대의 이야기를 들어주며 기분을 맞춰주는 행위도 아니다. 경청은 상대가 대화에 적극적으로 참여하도록 돕는 기술이다. 상대의 말에 귀 기울이고 인정한다는 표현을 하면 상대도 흔쾌히 내 말에 귀 기울이게 된다.

훌륭한 경청의 기본은 상대의 말에 집중하고, 그 말이 정확히 무엇을 의미하는지를 파악하는 것이다. 그러기 위해서는 상대에게 묻고, 모호한 부분은 다시 설명해달라고 부탁해야 한다. 우리가 상대의 말을 듣는 동안 해야 할 일은 어떻게 대답할지를 생각하는 것이 아니다. 상대가 세상을 바라보는 관점으로 상대를 이해하는 것이다.

Check Point

[1] 내가 경청해야 상대도 내 말을 경청한다.
[2] 경청은 호기심의 태도에서 출발한다.
[3] '질문'과 '바꾸어 표현하기'를 활용하자.

4____ 좋은 질문은 상대가 먼저 움직이게 만든다

대화를 잘한다는 것은 나 혼자 말을 잘한다는 뜻이 아니다. 상대가 나와 잘 통한다고 느끼게 만드는 것이다. 그러기 위해서는 내 의사를 분명하게 전하는 것만큼 중요한 게 있다. 상대의 이야기를 제대로 끌어내는 것인데, 그 역할을 하는 것이 '질문'이다.

와튼스쿨 교수이자 협상 전문가인 스튜어트 다이아몬드Stuart Diamond는 이렇게 말한다.

"사람이란 본래 자신에게 관심을 보이고, 가치를 인정해주고, 의견을 묻는 사람에게 보답하기 마련이다. 그게 변하지 않는 사람의 본성이다."

내가 상대에게 관심을 갖고 있다는 표현의 도구가 바로 질문이다. 뿐만 아니라 질문은 매우 유용한 말하기 기술로 활용법이 무궁무진하다. 모두가 아는 질문의 첫 번째 기능은 '배움'이다. 질문을 통해 다른 사람의 생각을 공짜로 얻을 수 있고 대답을 통해 궁금한 것을 배울 수 있다. 질문하는 과정에서 생각지 못했던 통찰을 얻기도 한다. 이렇듯 질문은 나를 성장시키는 가장 강력한 말투다. 누구에게서든 배울 것이 있다는 겸손한 자세로 질문하자.

질문의 두 번째 기능은 상대에게서 호감을 얻는 것이다. 사람은 자신의 말을 잘 들어주는 상대에게 좋은 감정을 느낀다. 먼저 질문하고 상대가 대답하는 동안 열심히 들어주면 된다. 호감을 얻는 방법은 거창한 게 아니다. 또한 사람은 칭찬받는 것을 좋아하고 칭찬해주는 사람에게 호감이 간다. 상대를 칭찬하고 싶다면 질문을 해보자. 상대가 지금까지 무슨 일을 해왔는지, 어디서 어떤 성과를 냈는지 등을 묻는 것이다. 그리고 작은 부분도 놓치지 말고 아낌없이 칭찬해주자.

하버드 비즈니스 스쿨과 하버드 케네디 스쿨의 연구자들은 질문이 호감도에 미치는 실험을 진행했다. 그리고 2017년 실험 결과를 성격 심리학과 사회 심리학 관련 연구를 다루는 학술지《Journal of Personality and Social Psychology》에 발표했다. 실험은 온라인과 오프라인에 걸쳐 진행됐다. 연구자들은 남녀를 짝지은 뒤 둘 중 한 사람에게 질문을 많이 하거나 혹은 적게 하도록 지시했다. 두 남녀가 대화를 마치면 상대에 대한 자신의 호감과 자신에 대한 상대의 호감에 대해 조사했다. 온라인과 오프라인 실험 모두 같은 결과가 나왔다. 질문을 많이 하는 사람에 대한 호감이 적게 하는 사람에 대한 호감보다 높게 나타났다.

이는 질문을 많이 하는 사람은 그만큼 자신에게 관심도 많다고 인식한 결과다. 또한 연구자들은 호감을 많이 얻는 사람들이 즐겨 쓰는 질문을 분석했다. 이를 통해 '후속 질문follow-up questions'이 호감에 가장 큰 영향을 미친다는 사실을 밝혀냈다. 후속 질문이란 대화 상대가 조금 전 말한 내용에 대해 추가 질문을 하는 것이다. 가령 "그건 왜 그랬어요?" 혹은 "그때 기분은 어땠나요?"처럼 주로 '왜why'와 '어떻게how'에 대해 물어보는 것이다. 후속 질문의 힘이 강력한 이유는 그것이 관심에 대한 표현이기 때문이다. 후속 질문을 들으면 상대가 내 말에 관심을 갖고 있고 좀 더 깊이 이해하고 싶어 한다는 사실을 알 수 있다.

하버드 대학교 교수를 지냈고 미국 국무장관을 역임하며 노벨 평화상을 수상한 헨리 키신저Henry Kissinger는 20세기 미국 외교의 천재라 불린다. 그는 질문을 잘하는 사람으로도 유명하다. 자신이 전문가인 주제에서조차 주위 사람에게 "당신은 어떻게 생각하세요?"라고 묻는다. 누구에게든 겸손한 태도로 질문을 통해 배우고자 했던 그의 질문 습관은 다른 사람들에게 호감과 존경을 얻기에 충분했다.

질문의 세 번째 기능은 상대에게 자율성을 부여할 수 있다는 점이다. 질문을 통해 상대를 끌고 오는 게 아니라 스스로 대화 속으로 걸어 들어오게 할 수 있다. 명령을 듣기 좋아하는 사람은 없다. 하지만 질문으로 대화하면 상대는 자율성을 얻고 자발적으로 참여하게 된다. 누구든 스스로 참가한 일에는 책임감을 느끼게 마련이다. 그것은 결국 더 나은 대화로 이어진다.

"내일까지는 발표 준비를 끝내." "이런 순서로 일하도록 하세요." 이런 식의 명령조 말투는 상대에게 반감만 남긴다. "발표에서는 어떤 내용을 이야기할 거니? 준비를 서두르면 더 여유 있지 않을까?" "이런 순서로 일하는 건 어떨까요? 혹시 다른 아이디어가 있나요?" 이렇게 질문으로 대화하면 좀 더 부드럽고 친절하게 상대의 행동을 이끌어낼 수 있다.

그런데 잘못된 질문으로 대화를 망치는 경우가 있다. 드라마 〈시크릿 가든〉에서 주인공 김주원이 부하에게 하던 대사가 떠오른다. "그게 최선입니까? 확실해요?" 이건 대답을 들으려고 한 질문이 아니다. 무늬만 질문인 갑질 말투다. 대신 "좀 더 잘할 수 있다고 생각합니다. 가능하겠죠?"라고 말했다면 어땠을까. 소통을 하든 직원의 의욕을 이끌어내든 이 방식이 훨씬 효과적이었을 것이다.

"그 계약을 성사시키려고 정말 모든 노력을 다했다면, 자네가 포기하자마자 김 대리가 바로 성사시킨 이유는 어떻게 설명할 거지?"

이런 질문도 바람직하지 않다. 내가 옳고 상대는 틀렸다고 못 박아 확인시키려는 의도가 느껴진다. 대신 이렇게 질문해 보자.

"자네 입장에서는 계약을 성사시키기 위해 모든 노력을 다했다고 생각하는 거 알아. 그런데 자네가 포기하자마자 김 대리가 바로 계약을 성사시킨 것을 보면 뭔가 문제가 있었던 것 같아. 어떻게 설명할 수 있겠나?"

그러면 이 대화는 좀 더 생산적인 방향으로 마무리될 수 있다.

질문은 전달하는 과정도 중요하다. 질문하는 사람의 표정, 목소리, 전반적인 뉘앙스 등의 미묘한 차이가 듣는 사람에게 영향을 미친다. 그리고 그것을 통해 사람들은 직감적으로 질문의 의도를 알아챈다. 저 질문이 내게 도움이 될 질문인지 해가 될 질문인지를 파악해낸다. 그러므로 좋은 질문은 제대로 된 방식으로 표현하는 것까지 포함한다. 같은 문장도 어떻게 전달하느냐에 따라 질문의 성격이 완전히 달라진다는 점을 꼭 명심해야 한다.

질문에는 우리가 미처 발견하지 못했던 놀라운 힘이 있다. 질문은 단순히 모르는 것을 물어보는 도구로만 머무르지 않는다. 질문은 대화를 만들고 이끌고 사람 사이의 관계도 만들어낸다. 좋은 질문은 다른 사람을 스스로 행동하게 만든다. 하지만 우리나라에는 아직도 질문을 두려워하는 분위기가 있다. 두렵다고 시도하지 않으면 아무것도 이룰 수 없다. 늦지 않았다. 지금부터라도 질문이라는 이 위대한 도구를 당신의 말하기에 적극적으로 활용해보자.

Check Point

[1] 질문을 던짐으로써 배움과 통찰을 얻을 수 있다.

[2] 질문을 하면 다른 사람의 호감을 얻을 수 있다.

[3] 질문으로 대화하면 상대의 의욕을 끌어낼 수 있다.

5 백 명의 사람에겐 백 가지 이야기와 백 개의 생각이 있다

"자, 다들 이해하셨죠? 그럼 다음 회의까지 각자 기획안을 준비해오세요." 김 팀장의 말을 끝으로 회의는 마무리되었다. 다음 회의 시간, 팀원들은 각자 준비한 기획안을 발표했다. 김 팀장은 한숨이 저절로 나온다. 분명 같은 자리에서 같은 내용으로 업무 지시를 내렸는데 팀원들은 제각각 다른 결과물을 가져왔다. 심지어 대부분의 기획안이 김 팀장의 의도와 너무나 달랐다. 김 팀장은 말귀도 제대로 못 알아듣는 팀원들 때문에 답답하다. 반면 팀원들은 김 팀장이 왜 기획안을 또다시 준비해 오라는지 이해할 수 없다. 분명히 시킨 대로 했는데. 김 팀장과 팀원들은 서로에게 화가 나 있다.

하버드 협상연구소의 더글러스 스톤은 서로 다른 이야기를 하는 것은 전형적인 갈등 대화 현상이라고 말한다. 김 팀장과 팀원이 서로가 문제라고 생각하는 이 갈등의 원인은 각자의 이야기, 즉 기획안에 대한 인식과 해석이 달랐기 때문이다. 하지만 양쪽 모두 이 사실을 알지 못한다.

인식의 차이는 어디에나 있다. 같은 단어라도 각자의 머릿속에 떠올리는 그림은 다르다. 사람들은 저마다 다른 경험을 해왔고 그 경험을 통해 세상을 보기 때문이다. 어떤 이에게는 학교가 10대 시절 행복했던 추억의 상징 같은 공간이다. 하지만 또 다른 누군가에게 학교는 성적에 대한 압박으로 힘들었던 기억만 가득한 곳이다. 우리나라에서는 음식 대접을 받으면 남김없이 먹는 것을 예의라고 생각한다. 그런데 중국은 음식 대접을 받았을 때 조금 남기는 것을 예의로 여긴다.

옆의 그림을 보자. 어떤 사람에겐 젊은 여성이 보이고, 어떤 사람에겐 나이 든 노파가 보인다. 세상에서 가장 유명한 착시 이미지 가운데 하나인 이것은 영국

의 만화가 윌리엄 엘리 힐William Ely Hill이 그린 것이다. 그는 이 그림에 '나의 아내와 시어머니'라는 제목을 붙였다. 같은 그림에서도 서로 다른 것을 보는 현상, 김 팀장과 그의 팀원들처럼 잘못된 의사소통이 일어나는 가장 큰 원인은 인식의 차이다. 서로가 인식한 내용을 분명하게 확인하지 않을 때 무수한 갈등이 생긴다. 심리학에서는 이를 가리켜 '기본적 귀인 오류Fundamental Attribution Error'라고 부른다.

기본적 귀인 오류는 다른 사람도 나와 같은 생각을 하고 반응할 거라 여기는 데서 시작된다. 나에게 학교는 '행복'인데 다른 사람에게는 '학업 스트레스'라고 해서 그 사람이 이상한 게 아니다. 그런데 학교를 소재로 한 광고 기획을 해야 하는 상황이다. 팀장은 행복한 학교의 모습을 배경으로 만든 밝은 광고를 떠올리며 기획안을 만들어보라고 했다. 그런데 팀원은 공부에 대한 압박으로 지친 학생들을 주인공으로 기획안을 만들어왔다. 기본적 귀인 오류에 사로잡힌 팀장과 팀원은 서로를 이해할 수 없다.

인식의 차이는 특정 개념에만 있는 것이 아니다. 각자 중요하게 여기는 가치관이나 기준에서도 나타난다. 이 또한 대화와 상황을 갈등으로 이끈다. A와 B는 함께 사업을 하고 있다. 중요한 프레젠테이션을 앞두고 오전 9시에 카페에서 만나기로 했다. 약속 당일 A

는 9시에, B는 9시 10분에 도착했다. A는 몹시 화가 났다.

A 지난번에도 늦더니 또 늦었네요. 그러잖아도 바쁜데 10분이나 늦으면 어떻게 합니까?

B 그렇게 화낼 시간에 회의에 좀 더 집중하는 게 낫지 않겠어요?

화가 난 A는 회의를 시작한 뒤에도 20분가량 집중할 수 없었다. B 역시 A가 비아냥거리며 분위기를 흐렸다는 생각에 화가 났다. 이 상황에서 A와 B가 중요하다고 생각하는 기준이 다르다. A는 '약속시간에 늦는 것은 프로답지 못하고 무례하다'라는 가치관을 가졌다. B의 가치관은 '작은 부분에 집착하느라 중요한 일에 집중하지 못하는 것은 프로답지 못하다'이다. A와 B가 각자의 가치관으로 상황을 바라본 결과는 상대가 잘못된 행동을 하고 있다고 생각하는 것이다.

이렇듯 인식 차이는 끝없이 갈등을 만든다. 아이에게 유튜브를 보여줄지 말지, 치약을 어디서부터 짜야 하는지, 상여금으로 쇼핑을 할지 여행을 갈지 등 수많은 문제가 발생한다. 사람들은 문제에 관해 저마다 다른 답을 갖고 자기 생각이 옳다고 주장한다. 문제는 나의 인식이 실은 내 이익에 맞춰 편파적으로 만들어졌음을 쉽게 외면한다는 것이다. 사람들은 같은 정보가 주어져도 그 속에서 내 생각을 뒷받침할 정보들을 선택적으로 골라낸다. 그리고 그 정보를 내게 가장 유리한 방향으로 나열하고 해석한다. 그러고서는 자기 생각이 옳다고 더욱 확신한다.

하버드 케네디 스쿨의 하워드 라이파Howard Raiffa 교수는 실험을 통해 이를 증명했다. 그는 학생 중 한 그룹에게 기업을 사기 위한 협상을 할 것이라고 말했다. 또 다른 그룹에는 그 기업을 팔기 위한 협상을 할 것이라고 했다. 그러고는 양쪽에 그 기업의 가치를 최대한 객관적으로 평가해보라고 했다. 사거나 팔기 위해 제시할 금액이 아니라 기업의 실제 가치라고 생각하는 금액에 대해 물어본 것이다. 그러자 기업을 팔기 위한 협상을 앞둔 그룹은 공정하게 평가된 시장가치보다 30% 높은 금액을 매겼다. 반면 사기 위한 협상을 할 것으로 알고 있는 그룹은 30% 정도 낮은 금액을 매겼다. 모두 무의식적으로 자신에게 유리하도록 결론을 내린 것이다.

그렇다면 이렇게 크고 복잡한 인식 차이의 문제를 어떻게 해결할 수 있을까? 첫째, 상대를 비난하는 습관부터 버려야 한다. 인식의 차이로 인한 갈등이 생기면 사람들은 상대를 비난하기 바쁘다. 당연히 내가 옳고 상대가 틀렸다고 생각하기 때문이다. 하지만 비난에 초점이 맞춰지는 순간 이 갈등의 대화는 절대 앞으로 나아가지 못한다. 중요한 것은 서로의 인식과 해석, 가치관을 파악하는 것이다. 문제는 결국 누구의 생각이 진실인가가 아니다. 각자 중요하게 여기는 것이 무엇인가다.

둘째, 내가 당연하다고 생각한 부분도 서로 다른 인식을 갖고 있지는 않은지 확인해야 한다. 비난을 멈추고 누가 옳은지를 밝히겠다는 생각에서 벗어나면 대화의 초점은 이미 달라질 것이다. 자연스럽게 상대의 인식, 해석, 가치관을 이해하려는 노력으로 바뀐다. '내 생각이 옳아'가 아닌 '나는 이렇게 인식하고 있어'라고 제시하게 될 것이다. 이때 인식의 차이를 알아낼 가장 효과적이고 확실한 방법은 상대에게 질문하는 것이다.

김 팀장은 기획안 회의 때 주제와 내용에 대해 팀원들에게 더 구체적으로 설명했어야 했다. 뿐만 아니라 인식의 차이가 생길 만한 부분은 없는지 세심히 살피고 모호한 부분은 서로의 생각을 물어 확인해야 했다. 팀원들도 마찬가지다. 기획안의 방향에 대해 자신이 인식한 내용이 김 팀장의 생각과 일치하는지 확인하지 않았다. 이런 과정이 빠진 기획안 회의는 동상이몽이 되고 만 것이다.

셋째, 각자의 인식은 자신에게 유리하게 만들어져 있다는 사실을 인정해야 한다. 백 명의 사람이 있다면, 그곳에는 백 개의 다른 생각이 존재한다. 이는 내 생각만이 옳다고 주장해서는 안 되는 결정적 이유다. 시간 약속 문제로 갈등이 생겼을 때 A와 B는 모두 자신이 옳다고 생각했다. 사실 그 생각은 각자에게 유리할 뿐 공정한 것이 아니었는데 말이다. 만일 그들이 미처 생각지 못했던 인식의 틈을 서로 일깨워주었다면 어땠을까? 소모적인 다툼은 일어나지 않고 서로 더 이해하고 협력할 수 있는 계기가 되었을 것이다.

이 세 가지 사실을 잘 알고도 자기 생각을 일방적으로 납득시키려는 무모한 행동을 하는 사람이 있다. 그 과정에서 상대의 자존심이나 정체성을 흔들면 감정의 문제가 발생하고 갈등으로 이어진다. 상대가 나와 다르다면 먼저 상대의 인식을 물어보고 상황을 이해한 뒤 자신의 생각을 설명하자. 서로의 감정을 존중하겠다는 분위기가 형성되면 문제해결 방법을 찾기 위해 함께 노력하게 될 것이다.

Check Point

[1] 모든 사람은 인식의 차이를 갖고 있다.

[2] 상대의 인식에 대해 물어보고 나의 인식을 설명하면 보다 정확한 의사소통을 할 수 있다.

2부

사람을 움직이는 말의 힘

6___ 우리가 인사에 민감한 이유

오랜만에 만난 친구가 한숨을 내쉬며 회사에 너무 싫은 사람이 있다고 말했다. 무슨 일이냐고 물어보니 절대로 인사를 하지 않는 후배 때문에 회사에 가기 싫을 지경이라고 했다. 먼저 인사를 해도 본체만체하기 일쑤고 몇 년을 같이 일하면서 단 한 번도 인사를 받아본 적이 없다는 것이다. 친구는 문득문득 일에 대한 회의마저 든다는 말도 덧붙였다. 인사 때문에 상처받거나 화가 났던 경험, 누구나 있을 것이다.

대체 인사가 뭐기에 우리는 이토록 인사에 민감한 걸까. 인사는 내가 상대를 인식했음을 알려 주는 표현의 방식이다. 반갑게 건네는 "안녕하세요"는 '제가 당신을 알아봤어요. 당신이 제 눈에 띄었어요!'라고 전달된다. 친구가 속상했던 이유는 단순히 후배에게 인사를 못 받아서가 아니다. 자신이 마치 아무것도 아니라는 듯 존재 자체가 무시당한 것처럼 느꼈기 때문이다. 인사는 하버드 협상 연구소에서 강조한 인간의 감정에 영향을 주는 5가지 욕구 중 하나인 인정의 표현이다. 그뿐 아니다. 인사를 통해 서로의 존재를 인식하고 인정하면 자연스럽게 소통의 고리가 만들어진다. 그것은 호감이 되고 친밀감으로 발전한다. 친밀감 또한 인정과 마찬가지로 5가지 욕구에 포함된다. 이것만으로도 우리가 인사를 소홀히 여기면 안 될 이유는 충분하다.

인사로 다른 사람을 인정해주고 친밀감이 생기면 수월하게 대화할 수 있다. 또 상대가 어려운 부탁을 들어줄 확률이 높아진다. 얼마 전 위층에 사는 꼬마 아이가 그날따라 유독 신나게 뛰어노는지 층간소음이 심했다. 그런데 평소 아이에게 기분 좋은 인사를 받아왔던 나는 '오늘 아이가 저렇게 즐거울 만큼 좋은 일이 있었나 보다' 하면서 관대한 마음을 가졌다. 일본 심리학자 나이토 요시히토는 인사의 이러한 장점을 가리켜 '예방선 효과'라고 말했다.

실제로 2017년 울산의 한 아파트는 주민 센터의 제안으로 이웃 간 '인사하기 캠페인'을 시작했다. 이 운동은 주변 학교와 성당 등으로 번지면서 2천여 명의 주민이 참여하기에 이르렀다. 그곳 주민들을 상대로 설문조사를 했더니 인사하기 운동이 이웃 간 소통과 공동주택 문제 해결에 도움이 된다는 의견이 무려 90%를 오갔다. 대표적인 예방선 효과라 할 수 있다.

게다가 간단한 인사만으로도 '약한 연결weak ties'을 만들 수 있다. '약한 연결'은 미국의 경제사회학자 마크 그래노베터Mark Granovetter가 하버드 대학교에서 박사학위를 받은 논문 〈약한 연결의 힘The Strength of Weak Ties〉에서 처음 언급한 말이다. 그래노베터는 연구를 통해 사람들이 새 직장을 구하는 방법을 살펴봤다. 놀랍게도 가족이나 친한 친구 같은 '강한 연결strong ties' 관계에서 새 직장의 기회를 얻은 경우는 20%가 채 되지 않았다. 나머지 80%는 그저 아는 지인 정도의 '약한 연결' 관계를 통한 것이었다. 최근 SNS로 관계를 넓혀나가는 현상을 설명할 때 약한 연결의 개념이 자주 인용된다. 평소 주변 사람들에게 먼저 밝게 인사를 건네는 것은 페이스북이나 인스타그램에 '좋아요'를 표시하는 것과 같은 효과가 있다. 간단한 인사를 건네는 것만으로도 약한 연결은 충분히 만들어나갈 수 있다.

다만 이런 효과는 제대로 인사했을 때만 얻을 수 있다. 인사를 잘하려면 가급적 내가 먼저 하겠다는 마음을 가져야 한다. 인사에서 지위 다툼은 아무 의미가 없다. 먼저 인사했을 때 상대에게 인사의 본래 의도가 더욱 잘 전해진다. 그리고 상대를 발견하는 즉시 해야 한다. 인사를 할까 말까 망설이는 순간 인사의 긍정적인 효과는 뚝 떨어진다. 분위기도 어색해질뿐더러 인사할 기회를 놓쳐버리기 십상이다. 마지막으로 관심을 표현하며 인사해야 한다. 표정과 목소리에 반가움을 실어야 진짜 인사다. 이때 이름을 부르며 인사하면 더 좋다. 상대의 근황도 알고 있다면 꼭 언급하자. 상대는 분명 감동할 것이다.

"○○ 선배님 안녕하세요. 잘 지내셨죠? 요즘 통 못 봬서 궁금했어요. 아드님이 이번에 의대에 합격했다면서요? 정말 축하드려요!"

이런 식으로 관심을 적극적으로 표현하자. 다른 사람의 자부심을 표현해주면 상대도 행복해지고 상대도 나에게 호감을 갖는다.

인사를 정말 잘하는 후배가 있다. 나보다 한참 어린 그 후배를 보며 나도 본받아야겠다는 생각을 자주 했다. 그는 언제나 저 멀리서도 나를 발견하고는 환한 미소를 지으며 다가와 먼저 인사를 건넸다. 예의를 갖추면서도 다정하게 작은 칭찬을 곁들이는 인사로 사람들을 기분 좋게 만들었다. 일에서도 성실했지만, 특히 그의 인사성에 반해 모두가 그를 좋아했다. 좋은 기회가 있을 때마다 사람들이 그를 먼저 추천하려고 한 것은 당연한 결과였다.

안 하니만 못한 인사로 주위 사람들에게 비호감이 되는 안타까운 경우도 있다. 눈도 안 마주치며 무표정하게 하는 인사, 영혼 없는 목소리로 귀찮다는 듯 하는 인사가 그렇다. 평소에는 잘 하지 않다가 아쉬울 때만 하는 인사, 고개만 까딱하는 인사 등도 마찬가지다. 떠올리기만 해도 불쾌해지는 이런 인사를 받으면 하루가 언짢아지기도 한다. 이런 인사 습관은 반드시 버려야 한다.

아이부터 어른까지 모두가 인사의 중요성에 대해 알고 있다. 하지만 많은 사람이 여전히 실천하지 못한다. 쑥스러워서, 타이밍을 찾기 어려워서, 다른 사람들도 안 해서 등 인사를 못 하는 이유는 다양하다. 그렇기 때문에 인사를 잘하는 것은 생각보다 큰 장점이 된다. 이제부터라도 인사하는 연습을 시작해보자. 원만하고 견고한 인간관계는 물론이고 약한 연결의 힘으로 잠재적인 기회도 넓힐 수 있다.

Check Point

[1] 내가 먼저 관심을 담아 인사하자.

[2] 인사는 인간관계뿐 아니라 인생의 기회도 만든다.

7___ 이름은 부르라고 있는 것이다

“엄마, 엄마! 이것 좀 봐.” 막 중학생이 된 딸과 외식을 하고 나오는 길이었다. 아이가 눈을 반짝이며 신이 난 목소리로 말한다. “이것 봐. 여기 내 이름이 있어!” 아이가 길바닥을 가리키며 내 시선을 재촉한다. 가만히 보니 정말 보도블록에 손가락 두 마디만 한 글씨로 ‘JUWON’ 이라고 적혀 있었다. “어머 정말이네! 우리 주원이 이름이 여기 쓰여 있네.” 아마도 보도블록을 만든 회사 이름이겠지만 그 사실은 별로 중요하지 않았다. 그저 우연일 뿐인 같은 이름의 보도블록 위에서 우리 모녀는 네 잎 클로버라도 발견한 것처럼 기뻐했다.

심리학자 랜디 가너Randy Garner는 이름에 관한 재미있는 실험을 했다. 설문조사를 할 때 설문지에 참가자의 이름을 적은 포스트잇을 붙이면 어떨까 하는 내용이었다. 실험 결과 이름이 적힌 포스트잇을 붙여 나눠준 설문지의 응답률이 두 배나 높았다. 모든 참가자가 받은 설문지는 똑같았다. 다만 설문지에 자신의 이름이 적혀 있으면 내게만 특별히 하는 부탁으로 느껴져 기꺼이 부탁을 들어주게 되는 것이다.

모든 사람에게 이름은 소중하고 특별하다. 자, 그럼 이쯤에서 김춘수 시인의 시 〈꽃〉의 한 구절을 읊어야겠다.

'내가 그의 이름을 불러 주었을 때 그는 나에게로 와서 꽃이 되었다.'

이름을 부른다는 것은 존재에 대한 발견이다. 이름도 기억나지 않는 누군가가 되고 싶은 사람은 없다. 인사하기와 같이 이름을 부르는 것도 존재에 대한 인정이자 친밀감을 키우는 방법이다.

"김지현 아나운서님이시죠? 방송 잘 보고 있습니다!" 나를 알아보며 이렇게 내 이름을 불러줄 때면 처음 만난 사람에게조차 활짝 마음이 열린다. 그런데 비슷한 상황에서 내가 더 많이 받는 인사는 따로 있다. 주로 "TV에 나오는 분이시죠?"라는 인사다. 그래서 아쉽다기보다는 아무래도 내 이름을 알고 불러주는 사람을 만나면 더 반갑다. 이름을 기억해준다는 사실이 그렇게 감사할 수가 없다. 나는 지역 방송사에서 토크쇼를 진행하며 매주 각계각층의 다양한 출연자들을 만난다. 그들의 인생과 가치관에 대해 깊이 이야기를 나누는 것이 나의 일이다.

출연자와 나는 대부분 촬영을 하는 날 처음 만난다. 게다가 방송 환경마저 낯선 출연자가 경직되는 것은 당연하다. 나의 역할은 그들이 내면의 이야기를 편안하게 잘 꺼내놓을 수 있도록 하는 것이다. 그래서 출연자를 처음 만날 때는 "김문철 원장님, 안녕하세요!" 하고 반드시 이름을 부르며 인사를 건넨다. 그러면 모두들 어김없이 긴장된 표정이 환하게 바뀌며 자연스럽게 이야기를 이어나간다. 누구나 자신의 이름을 기억하고 불러주는 사람을 좋아한다. 자기 존재를 존중받은 기분이 들어 이름을 불러준 상대에게 감동하기 마련이다.

미국의 26대 대통령 시어도어 루스벨트Theodore Roosevelt가 임기를 끝낸 후 어느 날이었다. 그는 백악관을 찾아 그곳의 직원들과 인사를 나눴다. 그때 모두의 이름을 기억하며 한 사람씩 불러주었다. 심지어 정원사와 주방에서 그릇을 닦는 직원의 이름까지도 기억하고 있었다. 루스벨트는 주방 직원에게 요즘도 자신이 좋아하던 콘브레드를 만드느냐고도 물었다. 그녀는 직원들을 위해 가끔 만들지만 윗분들은 전혀 먹지 않는다고 대답했다. 루스벨트는 "맛을 모르는 사람들이군"이라고 큰 소리로 말했다. 그 콘브레드를 먹으면서 말이다. 그날 백악관 직원들이 느낀 감동은 따로 설명이 필요 없을 것이다.

철강 왕 카네기Carnegie 역시 이름이 얼마나 큰 의미인지 알았고 이를 활용해 성공한 인물이다. 꼬마 시절 그는 토끼 한 마리를 잡았다. 엄마 토끼였는데 얼마 후 그는 새끼 토끼들이 살고 있는 굴도 찾아냈다. 그런데 이 새끼 토끼들에까지 먹이를 주기엔 역부족이었다. 그때 좋은 생각이 떠올랐다. 동네 아이들에게 솔깃한 제안을 한 가지 내놓은 것이다. 토끼에게 먹일 클로버와 민들레를 충분히 따오면 그 아이의 이름을 새끼 토끼에게 붙여주겠다는 제안이었다. 이 생각은 신기할 만큼 적중했다.

카네기는 이 경험을 잊지 않고 사업에서도 똑같이 이용했다. 그는 피츠버그에 큰 철강 공장을 짓고 이름을 '에드거 톰슨 철강 공장'이라고 지었다. 다들 '왜 자신의 이름을 붙이지 않았을까?' 하고 궁금해했지만 카네기의 머릿속에는 큰 그림이 있었다. 그는 펜실베이니아 철도회사에 철도 레일을 팔고 싶었다. 당시 펜실베이니아 철도회사 사장의 이름이 에드거 톰슨Edgar Thomson이었다. 당신이 철도회사 사장 에드거 톰슨이라면 철도 레일을 어디에서 구입하고 싶을까. 예상한 대로 카네기는 이 전략으로 철도 레일을 팔았고 백만장자가 되었다.

심리학자 크리스 클라인크Chris Kleinke는 관계를 잘 맺는 사람은 대화 도중 상대의 이름을 부르는 빈도가 높다고 말했다. 반면 관계를 잘 맺지 못하는 사람은 상대의 이름을 아예 부르지도 않는다고 밝혔다. 학생들의 이름을 유난히 잘 기억하고 자주 불러주던 선생님은 언제나 인기 만점이었고, 고객의 이름을 기억하며 반갑게 부르는 세일즈맨이나 서비스직 종사자들은 늘 실적이 뛰어났다. 사실 이름 부르기는 특별한 요령이 필요 없다. 나의 말하기에 이름만 추가하면 된다.

나　　이미경 대표님 반갑습니다. 이른 시간에 모셔서 죄송합니다.

이 대표　아닙니다. 김지현 아나운서님 초대해주셔서 고맙습니다.

나　　제 주변 분들도 이미경 대표님에 대해 많이 궁금해 하시더라구요.

이 대표　김지현 아나운서님께서 저에 대해 좋은 이야기를 많이 해주셔서 그런가 봐요. 고맙습니다.

나　　이미경 대표님 오늘 좋은 말씀 잘 들었습니다.

이 대표 김지현 아나운서님 덕분에 제 이야기를 편하게 할 수 있었어요. 잘 이끌어 주셔서 고맙습니다.

이런 식으로 누군가를 만났을 때, 대화할 때, 헤어질 때도 이름을 불러주자. 우리나라는 이름은 생략하고 '대표님', '팀장님', '선생님' 같은 직함을 호칭으로 쓰는 경우가 많다. 여기에 이름까지 붙이자니 호칭이 불필요하게 길어진다고 생각할 수도 있다. 그래도 이름을 붙여 부르면 상대에 대한 존중과 애정이 더욱 크게 느껴진다. 하버드 대학교 심리학과 교수였던 윌리엄 제임스William James도 "인간 본성의 가장 깊은 곳에 자리 잡고 있는 원리는 인정받고 싶은 갈망이다"라고 했다. 이름을 부르는 것은 인간의 인정받고 싶은 욕구를 채워준다.

전 세계적으로 수많은 충성고객을 확보한 스타벅스도 고객의 이름을 직접 부른다. 진동벨을 사용하지 않고 고객의 이름이나 별명을 불러 음료를 전달한다. 그러기 위해 주문을 받을 때 고객의 이름을 컵에 적어둔다. 이것은 스타벅스의 중요한 정책이다. 스타벅스 직원과 고객 간의 유대와 친밀감을 만들기 때문이다. 음료를 받아든 고객은 나만을 위한 것이라는 특별한 기분을 느낀다.

이름은 기억하는 것만으로는 상대와의 관계에 아무런 도움이 되지 않는다. 자주 불러주었을 때 관계는 더욱 친밀해진다. 굳이 이름을 부르지 않아도 대화에 지장이 없는 경우는 많다. 그래도 많이 부르자. 누군가의 입에서 따뜻한 목소리로 내 이름이 불리는 것만으로도 우리는 관심 받고 있다는 기분이 들고, 상대를 다정한 사람이라고 느낀다. 이름을 외우고 부르는 것은 사소해 보이지만 제대로 호감도를 올릴 수 있는 대화 습관이다.

Check Point

[1] 모든 사람에게 자신의 이름은 소중하고 특별하다.

[2] 상대의 이름을 자주 불러주면 관계는 더욱 친밀해진다.

8___ 칭찬 프리즘이 되자

미국의 작은 고등학교에 다니던 남학생이 있었다. 수학은 C, 맞춤법은 D, 품행은 F, 성적은 꼴찌였고 수업 시간 내내 뒷자리에서 졸았다. 선생님은 그를 문제아로 낙인찍었다. 그에게 "너는 앞으로도 늘 열등생일 것"이라고도 했다. 공공연히 대학에 진학하지 말라고도 말했다. 그의 부모님은 그를 사랑했지만 한 번도 똑똑하다고 말해준 적은 없었다. 이 고등학생이 한 캠프에 참가했다. 그곳에서 그는 우연히 팀의 리더를 맡게 되었고 복잡한 작업을 잘 마무리해냈다. 그때 누군가 그의 어깨를 감싸 안았다. "너는 정말 똑똑한 아이구나." 부모님도, 선생님도 말해준 적 없지만 그가 그토록 듣고 싶었던 인정의 한마디였다. 꼴찌에 문제아였던 그는 오랫동안 자신의 가능성에 대해 누군가 인정해주길 바라고 있었다. 캠프에서 그 바람이 이루어진 것이다. 게다가 그를 칭찬해준 사람은 하버드 대학 출신의 위대한 학자 어빙 그린버그Irving Greenberg였다.

그는 그린버그의 조언대로 대학에 진학했고 몇 년 뒤에는 예일 대학교 로스쿨에 입학했다. 로스쿨을 수석으로 졸업하면서 28세에 하버드 대학교 로스쿨 교수가 되었다. 하버드 로스쿨 역사상 최연소 정교수 임명이었다. 고등학교를 졸업한 지 10년도 되지 않아 이룬 결과였다. 이 놀라운 이야기의 주인공은 미국 최고의 달변가이자 타협하지 않는 변호사로 유명한 앨런 더쇼위츠Alan Dershowitz다. 이 모든 것은 칭찬 한마디에서 시작되었다.

하버드 대학교 사회심리학과 교수 로버트 로젠탈Robert Rosenthal은 미국 샌프란시스코의 한 초등학교에서 전교생의 지능검사를 실시했다. 그 후 검사 결과와 상관없이 무작위로 한 반에서 20% 정도의 학생을 뽑았다. 그 명단을 교사에게 주면서 지적능력과 학업성취 능력이 높은 학생들이라고 알려주었다. 8개월 후 똑같은 지능검사를 다시 했다. 놀랍게도 명단에 속한 학생들은 다른 학생들에 비해 평균 점수가 높았고 성적도 크게 향상되었다. 명단에 오른 학생들에 대한 교사의 기대와 격려가 중요한 요인이었다. 칭찬의 긍정적 효과를 설명하는 대표 이론인 '로젠탈 효과Rosenthal effect'는 이렇게 탄생했다. 칭찬은 모든 관계를 꽃피우고 인간의 잠재력을 일깨워 성장시키는 힘을 가졌다. 상사가 부하를, 선배가 후배를, 부모가 자녀를 그리고 반대의 경우도 모두 마찬가지다. 우리의 칭찬과 격려는 예상보다 훨씬 큰 긍정적인 영향을 발휘한다.

실제로 기업에서 칭찬이 눈에 보이는 성과로 연결된다는 연구 결과가 있다. 링크드인Linkedin과 HR 전문가 크리스티나 홀Christina Hall은 칭찬이 직원에게 미치는 영향에 대해 조사했다. 연구 결과, 놀랍게도 경제적 보상은 직원의 소속감이나 이직률에 별다른 영향을 주지 못한다는 사실이 밝혀졌다. 그보다는 칭찬 횟수가 실질적으로 의미 있는 영향력을 발휘했다. 한 직원이 한 분기에 세 번 이상 칭찬을 받으면 다음 평가에서 성과 점수가 크게 올라갔다. 네 번 이상 칭찬과 인정을 받을 때는 더 큰 효과가 있었다. 또한 그 직원이 1년 뒤에도 같은 직장에 머물 가능성은 96%까지 상승했다. 새로 채용한 직원이 1년 동안 근속할 확률을 의미하는 유보율은 보통 80% 수준이다. 그리고 직원 한 명을 대체하는 데 들어가는 비용은 평균 4만 달러에 달한다. 이를 고려하면 비용이 전혀 들지 않는 칭찬 한 번의 가성비는 매우 놀랍다. 연봉 인상만으로는 부족한 기업의 보상 시스템을 실질적으로 보완해준다. 칭찬의 투자 대비 수익률이 일반적인 기대를 뛰어넘는다는 사실을 확인했으니 기업은 칭찬과 인정을 적극적으로 활용할 필요가 있다.

철강왕 카네기도 칭찬의 영향력을 중시했다. 그는 은퇴를 앞두고 자신의 후계자로 찰스 슈왑Charles Schwab을 지목했다. 초등학교밖에 졸업하지 않은 찰스 슈왑이 카네기의 선택을 받았다는 사실에 모두가 놀랐다. 카네기의 정원 청소부였던 슈왑은 정식 직공에서 사무원, 그리고 카네기의 비서를 거쳐 마침내 후계자가 되었다. 그는 1930년대에 이미 카네기로부터 백만 달러의 연봉을 받기도 했다. 성공의 비결을 묻는 사람들에게 그는 이렇게 말했다.

"직원들의 열의를 불러일으키는 능력이 제가 가진 최고의 자산입니다. 사람이 갖고 있는 최고의 능력을 끌어내는 방법은 인정과 격려입니다. 상사의 비판은 야망을 죽입니다. 저는 그 누구도 비판하지 않습니다. 저는 일하고 싶은 동기를 부여해야 한다고 믿습니다. 그래서 제가 정말 좋아하는 것은 진심으로 칭찬하고 또 그 칭찬을 아끼지 않는 것입니다."

슈왑의 말대로 칭찬은 상대의 호감을 얻고 의욕을 불러일으킨다. 하지만 잘못된 칭찬은 상대와의 관계를 무너뜨리고 대화를 단절시키기도 한다. 칭찬에도 주의해야 할 부분이 있다.

첫째, 구체적으로 칭찬한다. 두루뭉술하게 "잘했어", "대단해"라고 하는 칭찬은 80점이다. "어려운 상황이었는데 창의적인 기획안을 준비하고 꼼꼼하게 진행해준 덕분에 결과가 너무 좋았어. 대단해!" 이렇게 사실을 짚어서 구체적으로 하는 칭찬이 100점이다.

반전 효과를 살리는 방법도 있다. 예를 들어 "처음에는 당신에게 거리감을 느꼈어요. 보통 당신같이 유능한 사람들은 도도하고 다른 사람을 무시하는 경향이 있잖아요. 그런데 당신과 함께 일하면서 제 생각이 틀렸다는 걸 알았어요. 당신은 자신에게는 엄격하지만 다른 사람들에겐 관대해요. 물론 당신 같은 분은 드물다는 사실도 잘 알고 있죠"라는 식으로 말이다.

둘째, 결과보다 과정을 칭찬한다. 회사라면 직원에게 "훌륭한 결과야. 힘든 과정 잘 마무리하느라 정말 수고 많았어"라고 업무 과정을 칭찬한다. 가정에서는 자녀에게 "100점을 받은 걸 보니 우리 딸이 정말 열심히 공부했구나. 끈기 있게 공부하기가 얼마나 힘든데 대단하다"라고 칭찬해준다. "잘했어, 다음에도 잘 부탁해"라든가 "우리 딸 100점 받아서 너무 기쁘다. 다음에도 100점 받으면 좋겠어"라는 칭찬은 기쁘기보다 부담스럽다.

셋째, 칭찬이 평가가 되지 않도록 주의한다. 최고의 칭찬은 평가가 아니라 감정을 표현하는 것이다. 나는 대학생 시절의 어느 교수님을 아직도 잊지 못한다. 너무 힘들어서 수강을 포기하려고까지 했던 전공과목의 교수님이다. 기껏해야 C 정도 받을 수 있을 것 같아 우울했다. 하지만 전공과목이라 포기할 수는 없어서 열심히 준비를 하고 무사히 발표를 마쳤다. 잠깐의 정적이 흐르고 교수님은 내가 아닌 다른 학생들을 향해 이렇게 말씀하셨다. "여러분 어때? 정말 괜찮지 않았어? 나는 너무 괜찮았어. 너무 좋았어!" 그때의 감동은 그 전에도 후에도 느껴 본 적이 없을 만큼 강렬했다. 그리고 내가 그날을 잊지 못하는 이유는 그 칭찬의 말이 "잘했어"가 아니라 "좋았어"였기 때문이다.

이런 경험도 있었다. 몇 년 전 방송국 선후배가 함께하는 어느 행사에서 나는 짧은 스피치를 했다. 스피치를 마치고 자리로 돌아오자 옆자리의 까마득한 후배가 내게 이렇게 말했다. "잘하셨어요." 그 말을 하는 그의 표정을 보며 순간 나는 그를 사장님이나 국장님으로 착각할 뻔했다. 후배가 나를 평가하고 있었다는 생각이 들어 "잘하셨어요"라는 말이 계속 마음에 걸렸다. 그가 내게 "선배님, 참 좋았어요"라고만 했어도 충분한 칭찬이었을 것이다. 그러니 칭찬을 할 때는 평가의 뉘앙스를 주지 않도록 조심해야 한다. 특히 아랫사람이 윗사람에게 칭찬할 때는 절대 평가가 포함되면 안 된다. "감동했어요"라고 느낀 점을 그대로 표현하면 칭찬을 받은 상대도 순수한 마음으로 기뻐할 것이다.

한 차원 더 높은 칭찬을 하고 싶다면 제삼자가 있는 자리에서 공개적으로 칭찬하자. 그러면 칭찬받는 상대는 더욱 감동한다. "김 대표님은 정말 존경받을 만한 리더세요"라는 말을 단둘이 있을 때 하는 것보다 여러 사람이 모인 자리에서 하면 더 좋다. 같은 말을 칭찬의 당사자가 없는 자리에서 하는 것도 좋은 방법이다. 보이지 않는 자리에서 한 칭찬을 당사자가 듣게 되었을 때의 감동은 훨씬 크다. 그리고 칭찬한 사람에 대한 고마움도 한없이 커질 것이다.

칭찬은 확장성을 가졌다. 칭찬할수록 더 많은 칭찬이 나에게 돌아온다. 하버드에서 행복학을 가르친 숀 아처Shawn Achor는 우리에게 '칭찬 프리즘'이 되라고 말한다. 칭찬이라는 빛을 프리즘에 굴절시키면 나를 비롯해 더 많은 사람을 빛나게 할 수 있다.

Check Point

[1] 칭찬은 관계를 꽃피운다.

[2] 칭찬은 사람의 잠재력을 끌어내고 성장시킨다.

[3] 칭찬을 할 때는 평가를 버리고 감정을 말한다.

9___ 몸은 거짓말을 하지 않는다

아이를 낳고 가장 먼저 겪은 당황스러움은 이 아이와 '말'로 소통할 수 없다는 사실이었다. 아기가 울면 배가 고프다는 건지, 졸린다는 건지, 어디가 아프다는 건지 알 수 없었다. 엄마가 처음인 내게는 막막하고 어렵기만 했다. 아기의 표정과 소리를 말로 바꿔주는 번역기가 있으면 좋겠다고 간절히 생각하기도 했다. 하지만 아이를 키워가며 눈빛, 표정, 아주 미세한 움직임에서도 점점 아이의 언어를 발견해나갔다. 그리고 그 과정에서 나는 비언어 커뮤니케이션의 힘에 대해 생각하기 시작했다.

이 글을 쓰기 위해서 중학생이 된 아이에게 '보디랭귀지'가 뭔지

아냐고 물어보았다. 그랬더니 "외국에 갔을 때 말 안 통해서 손짓 발짓 하는 거?"라고 대답한다. 맞다. 아이가 다섯 살이 됐을 때 해외여행을 갔다. 리조트에서 아이는 처음 보는 미국 소녀와 금세 친구가 되었다. 모래성을 쌓으며 재미나게도 놀았다. 그 모습에서 다시 한번 보디랭귀지의 위대함을 보았다. 아이의 표현 그대로 '영어 사람 언니'와 영어를 모르는 다섯 살짜리 딸아이는 분명 대화하고 있었다. 영어도 한국어도 아닌 모든 언어를 초월하는 언어로 말이다. 그것이 바로 보디랭귀지다.

대화는 언어뿐만 아니라 언어가 아닌 메시지도 포함한다는 것을 우리는 이미 잘 알고 있다. 이를테면 표정, 제스처, 움직임, 자세 같은 것들이다. 또 이런 비언어 메시지가 언어보다 더 큰 의미로 전달되기도 한다는 점 또한 알고 있다. 하지만 다른 사람의 보디랭귀지를 이해하는 것이 대화를 하는 데 얼마나 큰 강점인지는 미처 깨닫지 못한다. 보디랭귀지는 내가 상대의 것을 읽는 게 아니라 내가 상대에게 보내는 것이라고 여기기 때문이다. 지금부터는 다른 사람의 보디랭귀지를 읽는 것에 대해 좀 더 이야기하고 싶다.

세계적인 심리학자이자 하버드 대학교 교수였던 대니얼 골먼Daniel Goleman은 비언어 커뮤니케이션의 힘에 주목했다. 그는 비언어 메시지를 잘 읽고 대응하는 사람은 단순히 재능만 뛰어난 사람보다 각 분야에서 앞선다고 말했다. 보디랭귀지 같은 비언어 대화를 잘 다룰수록 사회에서 인정받기 쉽다는 것이다. 또 이와 관련해 '사회지능SQ'이라는 개념을 만들고 그 중요성에 대해 강조했다. 사회지능이란 상대의 감정을 읽고 다른 사람과 잘 어울리는 능력을 말한다.

그는 자신의 책 《SQ 사회지능》에서 매우 흥미로운 사실을 알려주었다. 사람의 대뇌에는 영장류와 고래만이 가진 방추세포라는 신경세포가 있다. 방추세포는 다른 사람의 표정, 자세, 말 속에 숨은 미묘한 뜻을 0.05초 안에 찾아내 전달한다. 사람들은 대화할 때 말의 내용뿐만 아니라 감정도 함께 전달한다. 감정은 목소리, 말투, 표정, 작은 움직임 등을 통해 나타난다. 이때 방추세포가 사소한 부분을 놓치지 않고 말하는 사람의 감정을 파악한다. 그리고 이것은 논리 분석을 하는 기관보다 빨라서 순간의 반응에 가까울 정도로 직관적이다. 예를 들어 갑자기 큰소리가 나면 깜짝 놀라는 반응을 숨기려 해도 드러날 수밖에 없는 것처럼 말이다. 이 말은 곧 나의 보디랭귀지가 상대에게 즉각 읽힐 수 있다는 의미이기도 하다. 아무리 거짓말을 잘하는 사람이라도 온몸으로 완벽하게 거짓말을 하기는 어렵다. 비언어 메시지는 무의식적인 심리상태가 드러날 수 있는 무의식의 언어이기 때문이다. 이런 이유로 사람들은 비언어 메시지를 신뢰하는 것인지도 모른다. 실제 범죄 프로파일러들도 비언어 메시지에서 범죄자의 감정과 성격을 파악하는 단서를 찾아낸다. 그들은 인간의 몸은 거짓말을 하지 않는다고 믿는다.

따라서 우리는 보디랭귀지를 더 잘 읽기 위해 노력해야 한다. 동시에 상대에게 전달될 나의 보디랭귀지에도 주의를 기울여야 한다. 그런데 대화할 때의 내 모습을 다른 사람들은 볼 수 있지만 안타깝게도 나 자신은 보지 못한다. 그래서 표정과 같은 비언어 메시지는 통제하기 어렵다. 내가 무의식적으로 노출하고 있는 비언어 메시지에서 내 감정이 드러날 수 있는데 말이다. 나도 간혹 내 방송을 보다가 TV 속 나의 표정에 깜짝 놀랄 때가 있다. 내가 저런 표정을 지었다니. 방송에서는 특히 더 신경을 쓰고 있는데도 나도 모르게 표정에서 내 감정을 들키곤 하는 것이다.

하버드 대학교 심리학과 교수였던 로버트 로젠탈Robert Rosenthal은 보디랭귀지를 읽는 능력의 힘을 증명하는 실험을 했다. 그는 PONSProfile of Nonverbal Sensitivity라는 검사를 개발했다. 이 검사는 사람들이 비언어 감정을 파악해내는 능력을 측정하는 것이다. 검사는 사람들의 다양한 감정이 담긴 비디오를 목소리를 지운 채 보여주는 것으로 시작한다. 그러고는 18개국 총 7천여 명의 검사 대상자에게 화면의 주인공이 어떤 감정 상태인지를 맞추도록 했다. 그 결과 정확하게 감정을 파악하는 사람들은 그렇지 않은 사람들보다 인기가 좋았다. 그뿐만 아니라 그들은 이성관계도 원만하고 감수성도 더 풍부한 것으로 나타났다.

어린이 1,011명을 대상으로 한 연구에서도 같은 결과가 나왔다. 감정인식 능력이 뛰어난 아이들은 그렇지 못한 아이들에 비해 정서적으로 안정되어 있었다. 친구들 사이에서 인기도 좋았다. 뿐만 아니라 감정인식 능력이 뒤떨어지는 아이들에 비해 특별히 IQ가 더 높은 것도 아닌데 학업 성적이 훨씬 뛰어났다. 이렇듯 다른 사람의 비언어 메시지를 읽어 감정을 인식하는 것은 사회생활에 큰 영향을 미친다. 인간관계는 물론이고 학업과 직업의 성공에서도 매우 중요한 역할을 한다.

그렇다면 어떻게 해야 보디랭귀지를 잘 읽을 수 있을까. 아직 말을 하지 못하는 아기의 언어를 이해하는 엄마의 방법에 대해 생각해보면 된다. 그렇다, 관심이다. 우리에겐 보디랭귀지를 읽어내는 방추세포가 있다. 이들이 알려준 정보를 흘려보내지 말고 예리하게 잡아내면 된다. 그러기 위해서는 상대의 표정, 눈빛, 움직임 등을 세심하게 살피는 노력이 필요하다. 상대의 비언어 메시지를 이해하고 그에 맞춰 대응해야 한다.

상대가 눈을 마주치지도 않고 다른 곳을 본다면 내가 하는 이야기에 관심이 없다는 뜻이다. 곧바로 화제를 돌리자. 갸우뚱한 표정을 짓는다면 내 이야기에 의문점이 있다는 뜻이다. 혹시 내 이야기 중 이해되지 않는 부분이 있는지 물어보자. 시선을 맞추지 않고 어색해한다면 상대가 여유를 가질 수 있게 가벼운 이야기를 건네자. 또는 긴장을 풀도록 음료를 건넬 수도 있다. 여러 사람이 대화할 때 누군가 그 주제에 대해 잘 몰라 난처한 표정을 지으면 그에게 따로 설명해주자. 그가 함께 대화에 참여할 수 있도록 도와주자.

이 외에도 의사소통 트레이너 돈 가버Don Gabor가 제시한 'SOFTEN 기법'으로 대화할 때 상대에게 호감을 줄 수 있는 기본적인 보디랭귀지를 알아볼 수 있다.

'S'는 Smile(웃는 얼굴)이다. 미소를 지어라. 미소는 어디서나 환영받을 수 있는 강력한 보디랭귀지다. 미소가 어색하다면 거울을 보며 수시로 연습해보자.

'O'는 Open posture(열린 자세)이다. 대부분 대화를 하면서 팔짱을 끼거나 팔을 그냥 내려둔다. 그러지 말고 몸을 활짝 여는 자세를 취하면 상대는 환영받는 기분을 느낀다.

'F'는 Forward lean(상대 쪽으로 몸 기울이기)이다. 몸을 앞으로 숙이는 자세는 상대의 말에 성의 있게 귀 기울이고 있다는 표현이다.

'T'는 Touch(신체 접촉)이다. 상대와 악수 같은 간단한 스킨십을 하면 좋다. 누구나 스킨십을 한 사람에게는 더 많은 친근감과 호감을 갖게 된다.

'E'는 Eye contact(마주보기)이다. 상대와 눈을 맞추며 내가 경청하고 있다는 사실을 알려주자.

'N'는 Nod(고개 끄덕이기)이다. 상대의 의견에 동의한다는 표현을 해주자. 그러면 대화가 끊기지 않는다. 상대는 당신과 대화가 잘 통한다고 생각할 것이다. 이 동작은 반드시 동의만을 뜻하는 것은 아니다. 지금 잘 듣고 있고 상대의 말을 이해하고 있다는 뜻이기도 하다.

SOFTEN 기법을 모든 대화에서 활용할 수 있도록 습관화하자. 모든 사람들이 당신에게 이전보다 더 적극적으로 반응한다는 것을 느끼게 될 것이다.

보디랭귀지를 포함한 비언어 커뮤니케이션 능력이 뛰어나다는 것은 사회지능이 높다는 뜻이다. 우리는 사회지능이 높은 사람들을 두고 흔히 '눈치가 빠르다', '센스가 있다'라고 표현하기도 한다. 그리고 그런 사람들과 함께 어울리고 싶어 하고 일하고 싶어 한다. 보디랭귀지는 보조 언어가 아니다. 모든 언어를 뛰어넘는 언어이며 인간의 사회성을 완성하는 언어다. 보디랭귀지의 힘은 생각보다 크다. 모두가 원하는 좋은 인간관계와 사회에서의 성공을 만들어 가는 데 꼭 필요한 보디랭귀지의 역할을 잊지 말자.

Check Point

[1] 대화는 언어뿐 아니라 몸이 보내는 메시지도 포함한다.

[2] 보디랭귀지를 잘 이해할수록 사회지능도 높아진다.

10____ 말과 행동이 일치해야 말에 힘이 생긴다

"어디 다친 데 없어요? 괜찮아요? 많이 놀랐죠? 미안해요."

로봇 연기의 창시자, 로봇 연기의 달인으로 불리는 젝스키스 장수원의 유명한 대사다. 7년 전 그의 연기가 화제가 되었을 때 많은 사람들이 그의 감정 0% 연기에 열광했다. 나도 그 영상을 몇 번이고 다시 보면서 볼 때마다 크게 웃곤 했다. 그의 대사와 표정 연기는 깜짝 놀랄 만큼 동떨어져 있었다. 그리고 그 극강의 어색함은 모두를 즐겁게 했다. 걱정하며 미안해하는 내용의 대사인데 그의 표정과 목소리는 전혀 그렇지 않았기 때문이다.

누군가 내게 "잘했어"라고 말한다면 이건 무슨 뜻일까. 말하는 사람의 표정과 목소리, 말투, 제스처를 보지 않고서는 정확한 의미를 알 수 없다. 정말 잘했다는 칭찬의 의미일 수도 있고 그저 수고했다는 의미 정도의 인사일 수도 있다. 혹은 상대를 비난하는 의미의 빈정거림일 수도 있다. 그래서 말이 어렵다. "사랑해" 같은 아름다운 말도 전달하기에 따라 감동이 되기도 하고 실망이 되기도 한다. 심지어 때로는 상처의 말이 되기도 한다. 이것이 우리가 앞서 이야기한 보디랭귀지와 같은 비언어 메시지를 제대로 구사해야 하는 이유다.

"대부분의 사람들은 그들의 행동이 그들의 인생을 보여준다는 것을 알지 못한다."

1950년대에 보디랭귀지를 연구한 미국의 심리학자 레이 버드휘슬Ray Lirdwhistell의 말이다. 그는 연구를 통해 의사소통에서 언어가 전달하는 정보의 양은 35%에 불과하며 나머지 65%는 비언어가 차지한다고 밝혔다. 이후 1971년 UCLA 심리학과 교수 앨버트 메라비언Albert Mehrabian이 '메라비언의 법칙'을 발표했다. 이는 커뮤니케이션에서 다른 사람에게 영향을 미치는 요소에 대해 연구한 이론이다. 연구 결과에 따르면 시각 정보가 55%, 청각 정보가 38%, 언어 정보가 7%라고 한다. 메라비언의 법칙이 워낙 널리 알려진 커뮤니케이션 이론이다 보니 오해가 생기기도 한다. 말의 내용이 7%밖에 영향을 미치지 않으니 그다지 중요하지 않다고 여기는 것이다. 그리고 외모, 표정, 목소리 등 겉으로 드러나는 부분을 더 신경 써야 한다고 강조한다. 정말로 프레젠테이션이나 스피치를 할 때 말의 내용은 크게 신경 쓰지 않아도 될까? 멋진 외모와 듣기 좋은 목소리, 노련한 말투만 준비되면 93%의 확률로 성공할 수 있을까? 당연히 그렇지 않다.

메라비언의 실험 방법을 살펴보면 이 이론의 정확한 뜻을 알 수 있다. 실제 실험에서는 하나의 단어를 각각 '호감', '혐오', '중립'의 감정으로 세 번 녹음했다. 그리고 '호감', '혐오', '중립'을 나타내는 표정의 얼굴 사진을 각각 준비했다. 그 다음 사진과 어긋나는 감정으로 녹음한 소리를 실험대상자에게 들려준다. 예를 들면 화가 난 얼굴로 "고맙습니다"라고 정중하게 말하는 것이다. 사랑이 담긴 목소리지만 덤덤한 표정으로 "나는 당신이 싫어요"라고 하거나, 자신 없는 말투와 표정으로 "할 수 있습니다"라고 말하기도 했다.

이처럼 이 실험에는 '전달하는 언어와 비언어의 메시지에 일관성이 없을 때'라는 전제가 있었다. 이때 언어, 시각, 청각 중 어느 요소가 영향을 미치는지를 실험한 것이다. 연구팀은 실험 대상자가 사진을 보며 녹음한 소리를 듣고 어떤 감정을 느꼈는지 물어보았다. 그리고 그 결과 언어 정보 7%, 청각 정보 38%, 시각 정보 55%

라는 결론을 얻었다. 즉 메라비언의 법칙은 언어와 비언어 사이에 모순이 생길 때 비언어가 주는 영향력이 더 크다는 것을 설명하는 것이다.

메라비언의 법칙을 예를 들어 설명해보자. 내가 상사의 유머를 듣고 있는 상황이다.

나　(웃는 얼굴이긴 하지만 지루한 목소리로) 우와, 너무 재미있어요!

상사　'내 얘기가 지루한가 보네.'

상사가 이렇게 받아들일 확률이 38%라는 의미다.

또 다른 경우를 보자.

나　(밝은 목소리로 그러나 표정은 심각하게) 우와, 너무 재미있어요!

상사　'재미없나 보다.'

이번에는 상사가 이렇게 생각할 확률이 55%가 될 수 있다.

나　(누가 봐도 따분해하는 얼굴과 목소리로) 우와, 너무 재미있어요!

상사　'내 얘기를 정말 재미없어하네.'

이런 경우에는 상사가 이렇게 생각할 확률이 93%다.

2013년 화제를 일으켰던 장수원의 로봇 연기가 실제 상황이었다고 생각해보자. 그의 "괜찮아요? 많이 놀랐죠?"라는 걱정의 말을 진정성 있게 받아들일 사람은 거의 없을 것이다. 그의 얼굴이 아무리 잘생겼다 해도 말이다. 같은 말이라도 어떤 비언어 메시지로 표현하느냐에 따라 완전히 다른 의미로 전해진다. 따라서 가장 효과적으로 의사 전달을 하기 위해서는 언어 정보, 청각 정보, 시각 정보를 모두 일치시키는 것이 중요하다.

일상에서 언어와 비언어가 일관성을 잃어버린 상황은 생각보다 금방 찾을 수 있다. 아이가 실수했을 때 "괜찮아"라고 말하면서 화가 난 표정을 짓고 있었을 수도 있다. 부하 직원과 소통하기 위해 "편하게 의견을 이야기해 보세요"라고 말한다. 그런데 그때의 태도는 팔짱을 낀 매우 권위적인 모습이었을지도 모른다. 괜한 오해를 사고 난 후에야 "내 의도는 그런 게 아니야"라고 해명해도 이미 늦었다. 의사소통을 할 때는 나의 말과 표정과 목소리가 하나가 되도록 신경 쓰는 노력이 필요하다.

메라비언의 법칙은 스피치 수업에서 빠지지 않고 등장하는 주제다. 비언어를 효과적으로 전달했을 때 이야기의 전달력을 높일 수 있기 때문이다. 탁월한 스피치의 대가들을 살펴보면 모두 능수능

란한 보디랭귀지로 청중의 집중을 이끌어낸다. 많은 사람들이 최고의 프레젠터라 말하는 스티브 잡스도 손동작을 자주 사용했다. 위대한 소통가로 불리는 미국의 레이건 대통령 또한 사람을 끌어당기는 보디랭귀지에 능했다. 요즘 우리나라에서 가장 말을 잘하는 사람 중 한 명인 설민석 강사도 빼놓을 수 없다. 그는 주제에 맞는 목소리와 몸동작으로 이야기에 혼을 불어넣고 많은 사람들을 사로잡는다.

그런 점에서 다니엘 샤피로가 「2012년 글로벌 인재포럼Global HR Forum 2012」에서 했던 기조연설은 매우 인상적이었다. 그는 하버드 협상연구소의 부책임자인 동시에 하버드 의과대학 심리학 교수이기도 한 협상 전문가다. 그는 30분의 연설 동안 손동작과 몸짓, 목소리 톤을 조절해가며 이야기를 이어나갔다. 긴박한 상황의 사례를 설명할 때는 긴박감 넘치는 목소리로 이야기를 재연했다. 문을 두드리는 장면을 이야기할 때는 마임을 하듯 문을 두드리는 시늉을 보여주었다. 그의 이런 비언어 표현력 덕분에 30분의 연설에서 잠시도 눈을 뗄 수 없을 만큼 몰입할 수 있었다.

2019년 〈하버드 비즈니스 리뷰〉에 실린 네덜란드 에라스무스 대학교 욥 코넬리센Joep Cornelissen 교수의 인터뷰도 주목할 만하다. 코넬리센 교수는 프레젠테이션에서 제스처가 매우 중요하다고 밝혔다. 그는 홍보를 위한 프레젠테이션 영상을 전문 투자자들에게 보여주는 실험을 했다. 비유적 언어나 손동작을 많이 쓰는 경우, 둘 다 사용하거나 둘 다 사용하지 않는 경우의 프레젠테이션 영상이었다. 실험 결과 손동작만을 자주 활용하는 영상을 본 사람들이 12% 더 투자에 관심을 나타냈다. 이에 대해 코넬리센 교수는 손동작을 사용하면 낯선 개념이 구체적으로 다가오기 때문이라고 설명했다.

혹시 제스처가 과하면 역효과가 나지 않을까 하는 걱정은 접어두자. 코넬리센 교수는 말의 내용과 긴밀하게 연결돼 있으면 그런 일은 거의 없다고 답했다. 평소보다 훨씬 더 많은 제스처를 사용하더라도 말이다. 대부분의 사람들은 여전히 제스처가 서툴고 부족하다. 진심을 전하고 싶다면 내 의도에 맞는 태도와 행동을 함께 보여줄 수 있도록 연습해야 한다. 프레젠테이션이나 스피치에서 청중을 집중시키고 내용을 효과적으로 전하고 싶은가? 그렇다면 요점을 전달하는 제스처를 찾아보고 나만의 무기를 만들어야 한다.

타고나지 못했다고 낙담할 필요는 없다. 제스처를 능숙하게 사용하는 사람들을 잘 살펴보고 배우자. 그런 다음 여러 동작을 시도해보고 어떤 동작이 효과가 있는지 찾아보자. 내게 가장 잘 맞는 제스처를 찾아 반복해서 연습하는 것이다. 그러면 제스처를 자연스러운 커뮤니케이션의 일부로 만들어 내 말의 힘을 더욱 키울 수 있다. 잊지 말자. 말과 말이 아닌 행동이 일치할 때 비로소 그 의미가 완전해진다.

Check Point

[1] 말의 내용과 비언어 메시지가 일치할 때 가장 효과적인 의사전달을 할 수 있다.

[2] 제스처를 능숙하게 익히고 커뮤니케이션에 진심을 더하자.

11____ 대화에는 마음을 열 만큼의 신뢰가 필요하다

내가 진행하는 토크쇼를 촬영하기 전, 나는 출연자와 간단한 대화를 나눈다. 먼저 반갑게 인사를 나누고 오늘 무엇을 하다 왔는지, 촬영에 대해 어떤 기대를 하고 있는지 물어본다. 날씨 이야기도 하고 출연자의 근황에 관해서도 묻는다. 낯선 사람과 자신의 인생에 대해 깊은 이야기를 나눠야 한다는 부담을 가진 출연자가 편안하게 마음을 터놓을 수 있도록 친밀감을 만들어주는 것이다. 이를 심리학에서는 '라포 형성'이라고 한다. 라포rapport는 '친밀한 관계', '두 사람 사이의 신뢰 관계'라고 표현하기도 한다. 진행자에 대한 신뢰가 없으면 출연자는 마음속 이야기를 편하게 꺼내기 어렵다. 그런데 반대로 손님인 출연자가 먼저 라포 형성의 역할을 대신해 준 적이 있다. 출연자가 심리적으로 편안한지를 살피는 것은 항상 나의 몫이었는데 말이다. 반대의 경험을 하면서 나는 라포 형성이 얼마나 중요한지를 더욱 깊이 깨닫게 되었다.

그는 내가 지금껏 인터뷰한 모든 출연자 중 가장 나이가 어렸다. 과학 미디어 스타트업의 CEO로 반짝이는 재능에 아이돌 같은 외모까지 갖춘 완벽한 엄친아였다. 예의 바른 모습과 조리 있게 이야기하는 모습도 좋았지만 그에게 가장 감탄했던 부분은 다른 데 있었다. 사실 그를 만나기 전까지 나는 그와 공감할 수 있는 부분이 많지 않을 거라 생각했다. 세대 차가 크고 관심사에서도 접점이 없어 보였다. 이런 내 생각을 읽은 걸까? 촬영이 잠시 중단되었을 때 그가 내게 말을 건넸다.

출연자 방송 일은 언제부터 시작하셨어요?

나 대학 졸업 직후부터요. 원래 아나운서가 꿈이었거든요.

출연자 그럼 방송을 정말 오래 하신 거네요. 대단하세요!

나 대단하진 않지만 지금도 일을 할 수 있어서 감사하고 좋아요. 그나저나 저와 나이 차이가 많이 나서 말씀 나누기에 불편하진 않으세요?

출연자 저희 형이 아나운서님과 비슷한 또래예요. 그래서 전혀 그렇지 않아요. 형이 저를 어릴 때부터 잘 챙겨줘서 지금도 아주 친하거든요.

솔직히 말하면 그의 질문을 받고 깜짝 놀랐다. 출연자가 이렇게 나를 인터뷰하는 경우는 없었기 때문이다. 새로운 경험이었다. 내가 갖고 있던 마음의 벽이 일순간에 무너지는 것을 느꼈다. 그의 커뮤니케이션 능력에 감탄할 수밖에 없었다. 아, 이게 바로 라포구나! 몸소 깨달은 순간이었다. 당연히 그날의 촬영은 더없이 순조로웠다. 방송이 나간 후에는 주변 사람들로부터 정말 재미있게 봤다며 내가 진심으로 즐거워하고 즐기는 모습이 보였다는 말도 함께 들었다.

라포는 인간관계는 물론 모든 대화와 상담, 비즈니스를 잘하기 위한 기본 조건이다. 라포를 쌓는 방법이 특별히 정해져 있는 것은 아니다. 날씨나 최근 뉴스 같은 가벼운 대화를 할 수도 있고 상대와의 공통점을 찾을 수도 있다. 그리고 언어와 비언어인 보디랭귀지를 활용해 쌓는 것이 중요하다. 그런데 막상 라포 쌓기를 해보려고 하니 무엇을 어떻게 하는 게 좋은지 막막할 때가 많다. 그럴 때는 일반적으로 알려진 몇 가지 방법을 활용해보자.

하버드 로스쿨 글로벌 협상연구소Harvard Global Program On Negotiation의 윌리엄 유리William Ury는 라포를 쌓고 싶다면 상대의 주파수에 맞추라고 제안한다. 상대가 의사소통하는 방식을 유심히 살펴보면서 맞춰 나가라는 것이다. 절친한 두 사람이 대화하는 모습을 가만히 들여다보면 서로의 행동이 닮아가는 것을 볼 수 있다. 한 명이 다리를 엇갈려 꼬고 앉으면 상대도 똑같이 그렇게 하곤 한다. 이렇게 상대의 몸짓을 따라 하는 기술을 '미러링mirroring'이라 부른다. 라포를 만드는 기술 중 하나다. 만약 라포를 쌓아야 할 상대가 몸을 내밀고 열정적으로 이야기한다면 나도 몸을 앞으로 내밀어 관심을 표현하는 것이다. 라포를 만드는 또 다른 기술은 '페이싱pacing'이다. 상대의 말투나 말의 흐름을 따라 하는 것이다. 상대가 말을 천천히 하면 나도 그 속도에 맞춰 느긋하게 하면 된다. 상대가 목소리를 낮추면 나도 따라서 낮춘다. '백트래킹backtracking' 또한 라포를 효과적으로 쌓을 수 있는 기술이다. 상대가 한 말을 다시 반복해 말하는 것을 뜻한다. 이렇게 누군가 나와 비슷하게 행동하면 '잘 통하는 사람'이라고 느끼면서 라포가 쌓인다.

그런데 주의할 점이 있다. 미러링이든 페이싱이든 백트래킹이든 기계적으로 따라 하는 것은 금물이다. 친구가 "시험이 일주일밖에 안 남았는데 자신이 없어"라고 말했다. 이때 백트래킹을 한다고

"자신이 없어?"라든가 "자신이 없구나"라고 말하면 안 된다. "자신이 없다니, 걱정이 많이 되는구나. 넌 그동안 착실히 준비해왔으니 좋은 결과 있을 거야!" 이렇게 백트래킹이 자연스럽게 대화에 묻어나도록 해야 한다. 무작정 상대의 말과 행동을 그대로 따라 하면 오히려 지금껏 쌓아온 라포를 무너뜨릴 수도 있다.

또 다른 라포 쌓기의 기술로 '맞장구'와 '공통점 찾기'가 있다. 고개를 끄덕이거나 맞장구를 치는 것은 당신의 말을 이해하고 있다는 의미로 전해진다. 그 마음을 받은 상대는 공감대가 만들어졌다고 느낀다. 다만 영혼 없이 "그렇구나"만 반복하다가는 가식적인 사람이라는 말을 들을 수 있다. 상대와의 공통점을 찾아 이야기하는 것도 라포를 쌓는 훌륭한 방법이다. 지나치게 사적이거나 민감한 주제만 아니라면 취미, 음식, 관심사, 가치관 등 주제에 제한을 둘 필요는 없다. 양쪽 모두 자녀가 있다면 "아이가 몇 살이에요? 일하면서 아이도 신경 쓰는 게 참 쉽지 않죠?"라고 묻는다. 같은 취미를 갖고 있다면 "음악 좋아하시나 봐요. 저도 콘서트 가는 걸 좋아하는데 요즘은 통 가질 못했네요"라고 먼저 대화를 건네는 것도 좋다.

처음 만난 사람, 얼굴만 아는 사람, 몇 번 이야기를 나눠본 사람, 자주 보고 그만큼 자주 대화하는 사람이 있다고 하자. 우리는 이들 중 뒤로 갈수록 대화하기 편한 상대라고 느낀다. 그만큼 라포가 많이 쌓였기 때문이다. 우리는 가깝다고 여기지 않는 사람에게 자신의 이야기를 하는 것을 주저한다. 반면 서로 신뢰하는 친한 친구나 가족, 동료에게는 마음속 깊은 이야기도 꺼낼 수 있다. 라포가 형성될 때 상대는 자신의 이야기를 꺼내고 나의 이야기에 귀를 기울이게 된다. 협상가나 범죄 프로파일러가 상대를 설득하기 전에 라포부터 쌓는 것도 그러한 이유다. 진정한 커뮤니케이션을 원한다면 내 마음과 상대의 마음 사이에 라포라는 다리를 먼저 놓아야 함을 기억하자.

Check Point

[1] 진정한 커뮤니케이션은 나와 상대 사이에 라포라는 다리가 놓일 때 가능하다.

[2] 라포를 쌓고 싶다면 상대의 주파수에 맞춰라.

12___ 좋은 대화를 원한다면 판사가 아니라 변호사가 돼라

"요즘 머리가 복잡해. 새로운 일을 하고 싶은데, 공부를 시작할지 창업을 해야 할지 모르겠어. 쉽게 결정이 안 서네."

"넌 참 성격이 진득하지를 못해. 네 나이에 공부나 창업은 쉬운 줄 알아? 지금은 하던 일이나 열심히 하는 게 너한텐 최선이야."

"……"

한 후배가 친구와 나눈 대화다. 친구에게 답답한 마음을 털어놓았을 뿐인데 그녀는 졸지에 진득하지 못한 사람이 되어버렸다.

유쾌하지 않았던 대화의 기억들을 돌아보면 대부분 이 후배의 이야기와 닮아 있다. 당시 후배가 '네가 뭘 안다고 내 성격과 능력을 판단하지?'라고 생각했던 것처럼 말이다. 물어보지도 않았는데 듣게 되는 판단의 말은 때로는 모욕적으로 들리기까지 한다.

하버드 로스쿨 교수인 더글러스 스톤은 대화할 때는 평가하지 말고 그저 이야기할 것을 강조했다. 누군가를 탓하거나 비난하지도 말고 감정만을 나누라는 것이다. 그런데 문제는 사람들이 '판단'과 '감정'을 잘 구분하지 못할 때가 많다는 것이다. 특히 상대를 판단하면서 자신은 솔직한 감정으로 말하는 것이라고 착각하곤 한다. 그래서 상대가 기분 나쁜 기색을 보이면 "널 위해서 한 말인데 왜 그래?"라며 도리어 반문한다. 실제로 상대를 걱정하는 마음이 있었다고 해도 듣는 사람에게 그 마음이 전해지지 않았다면 실패한 대화다. 심지어 칭찬에도 평가가 섞이면 본래의 의미가 옅어지거나 오히려 상대를 불쾌하게 만들 수 있다. 그러니 어떤 경우라도 상대를 판단하거나 평가하는 말은 하지 않아야 한다.

사람의 본능 중에는 교정 반사correction response라는 것이 있다. 다른 사람의 문제를 지적하고 적극적으로 고쳐주고 싶어 하는 욕구를 말한다. 그런데 아이러니하게도 인간은 누군가가 나를 자꾸 바꾸려 하거나 가르치려 할수록 더욱 저항하고 싶은 반발심이 생긴다. 자존심 상하고 무시 받았다는 기분을 느끼기 때문이다. 아무리 선한 의도라고 해도 교정반사의 본능을 억제하지 못하고 판단이나 조언을 한다면 상대와는 점점 더 멀어질 수밖에 없다. 따라서 누군가를 판단하지 않으려는 의식적인 노력이 필요하다.

우리가 교정 반사를 억누르는 힘이 약해질 때 판단과 함께 자꾸만 솟아나는 욕구가 있다. '조언'하고 싶은 마음이 바로 그것이다. 다른 사람의 문제를 나의 판단으로 지적하고 조언으로 가르쳐 올바른 길로 이끌고 싶어진다. 이 판단과 조언은 특히 고민을 털어놓거나 위로를 구하려는 사람에게는 섣불리 해서는 안 된다. 힘들거나 고민이 많은 사람에게 우리가 해줄 수 있는 말은 사실 별로 없다. 당사자만큼 그 상황과 그에 얽힌 심리 상태를 정확히 아는 사람은 없기 때문이다.

심리상담사나 정신과 전문의가 내담자를 치유하는 과정을 생각해보자. 대부분 이야기를 듣는 것으로 이루어진다. 그런데 일상에서 주변 사람에게 자신의 고민을 이야기하면 묵묵히 들어주기만 하는 경우는 거의 없다. 대신 "사는 게 원래 다 그런 거야"라든가 "라떼는 말이야"로 시작하는 조언을 듣게 된다. 하지만 원치 않는 조언은 조언이 아니다. 상대에게 또 다른 고통을 더해주는 것일 뿐이다. 조언이라는 이름의 '아는 척'을 견뎌내야 하는 고통 말이다. 누군가가 자신의 힘든 마음이나 고민을 털어놓을 때는 그저 이야기를 들어주는 것만으로도 충분하다.

고민이 있다는 직장 후배와의 흔한 대화를 살펴보자.

"하아… 이 팀장님과 일하기 너무 힘들어요. 제가 하는 일마다 자꾸 뭐라고 해요. 아무래도 저를 싫어하는 것 같아요."

"네가 먼저 팀장님한테 좀 잘해봐. 이 팀장 나쁜 사람 아니야. 어린 애도 아니고 그 정도로 힘들면 사회생활을 어떻게 하겠어?"

아마 후배는 다시는 이 선배와 속마음을 나누지 않겠다고 결심할 것이다. 이럴 때는 그저 후배의 이야기를 찬찬히 들어주면 된다. 그리고 "일하는 게 많이 힘들지?"라는 말로 그의 감정을 인정해주는 것이면 충분하다.

고민을 말하는 사람은 누군가가 해결책이나 정답을 마련해주기를 바라지 않는다. 그보다는 자신의 이야기에 귀 기울여주고, "힘들었겠다"라며 감정을 알아주고 다독여주기를 원한다. 사람들은 안전하다고 느끼는 사람에게만 속마음을 열어 보인다. 무슨 이야기를 꺼내더라도 성급히 판단하지 않을 것 같은 사람. 어떤 이야기를 해도 아는 척 조언하며 가르치려 들지 않을 사람. 누구나 그런 사람에게 마음을 열고 싶고 관계를 맺고 싶어 한다.

우주대스타로 불리는 펭수가 왜 그토록 사랑받는지를 알 것 같은 그의 명언이 있다.

"내가 힘든데 힘내라고 하면 힘이 납니까? 아니죠? 그죠? 그러니까 힘내라는 말보다 저는 '사랑해'라고 해주고 싶습니다. 여러분들 사랑합니다."

대화는 이해이고, 이해하기 위해서는 상대의 감정을 인정해야 한다. 판단과 조언은 상대의 감정을 외면하는 것이다. 상대를 돕겠다는 의도일지라도 판단은 잘난 척, 조언은 아는 척으로 들린다. 교정 반사를 참아내기 힘든 순간에도 이 사실을 잊지 말자.

정신건강의학과 전문의 신영철 박사는 자신의 책 《그냥 살자》에서 '좋은 관계를 위해서는 판사가 아니라 변호사가 되어야 한다'라고 말했다. 다른 사람을 평가하고 판단하는 말은 대부분의 상황에서 위험하다. 판단의 말이 인간관계에 긍정적인 영향을 주는 경우는 거의 본 적이 없다. 삶의 경험에서 이미 우리는 이 사실을 배워왔다. 내 판단과 조언이 절대적으로 옳다는 착각과 오만은 빨리 버릴수록 좋다. 사람들과 진정한 관계를 맺고 유지할 수 있는 대화를 원한다면 말이다.

Check Point

[1] '판단'과 '조언'이 인간관계에 긍정적인 경우는 거의 없다.
[2] 상대의 고민과 힘듦을 해결해주려고 하기보다 묵묵히 들어주자.

3부

말하기는 어떻게 나의 무기가 될까

13___ 원하는 것을 얻으면서 상대와의 관계도 잃지 않는 대화법

다양한 종류의 대화 중 가장 까다로운 대화는 무엇일까. 아마 많은 사람들이 그 대답에 대해 '협상'이라 쓰고 '밀당'이라 읽을 것이다. 내가 원하는 것을 얻기 위해 줄다리기를 해야 하는 상황은 언제든 호락호락하지 않다. 아이를 밤에 재우기 위해, 주말 외식 장소를 정하기 위해, 예방접종을 싫어하는 아이를 병원에 데려가기 위해, 연봉을 올리기 위해 우리가 하는 모든 말과 행동 또한 협상이다. 다시 말해 협상이란 사람들이 서로 다른 자신의 욕구를 놓고 합의를 하기 위해 밀고 당기는 대화다. 이처럼 우리 삶에는 크고 작은 협상들이 끊임없이 등장한다.

협상하는 사람들의 모습은 보통 두 종류로 나뉜다. 하나는 충돌을 피하고 싶어 하는 유형이다. 이들은 상황이 시끄러워지는 걸 원치 않는다. '좋은 게 좋은 거다'라는 생각을 갖고 있다. 대부분 합의하는 과정의 스트레스를 견디기 힘들어 쉽게 양보하고 만다. 원만한 해결을 위한 결정이지만 결국 상대에게 이용만 당한 것 같아 씁쓸할 때가 많다. 다른 하나는 자신의 입장을 끝까지 강하게 고수하는 유형이다. 한 치의 양보 없이 오래 버티는 것만이 협상에서 승리하는 길이라 믿는다. 하지만 이런 태도는 상대에게 반발심을 불러일으켜 결국 양쪽 모두 에너지를 소진한 채 관계마저 나빠지는 결과를 가져온다.

예를 들어보자. 아이가 잠자리에 들지 않으려 할 때 부모들 역시 앞의 두 가지 방법으로 대응한다. 먼저 "너 자고 싶을 때 자"라고 하면 아이와 입씨름할 일이 없다. 하지만 아이의 건강과 생활습관이 나빠질 것이고 이는 부모로서 걱정스러운 일이다. 다른 방법으로 "얼른 자. 지금 당장 안 자면 내일 간식은 없어!"라며 무섭게 으름장을 놓을 수 있다. 아이는 부모의 태도에 겁을 먹고 잠자리에 들겠지만 부모와의 관계에 금이 갈 가능성이 생긴다.

결국 이 두 가지 방법은 하나를 얻으면 하나는 포기해야 하는 구조적 문제가 있다. 그런데 이들 말고 원하는 것을 얻으면서 상대와의 관계도 잃지 않는 협상법이 있다. 하버드 협상연구소가 개발한 것으로 양쪽의 이익을 모두 챙길 수 있는 이 방법은 '각각의 입장 뒤에 숨은 이해관계를 중심으로 협상을 이끄는 것'이다. 여기서 말하는 '입장'이란 겉으로 드러나는 구체적인 요구다. 외식 메뉴를 정할 때 "오늘은 한식을 먹자"라는 표현이 입장이다. 혹은 "지금 안 잘래!"라는 아이의 말이나 "20% 인상을 원합니다"라는 연봉협상에서의 요구이기도 하다. 그리고 '이해관계'는 그 입장을 내세우게 된 머릿속의 진짜 동기, 즉 욕구를 의미한다. '한식을 먹자'는 입장의 이해관계는 '열량이 낮은 음식을 먹고 싶어'이다. '안 잘래!'를 외치는 아이의 이해관계는 '책을 더 읽고 싶어'이다. '20% 연봉 인상 요구'의 이해관계는 '늘어난 자녀의 교육비 충당'이다.

'어디 누가 이기나 보자!'라며 입장만을 두고 다투다 보면 협상의 목적은 길을 잃는다. 상대의 입장을 바꾸려는 의지 대결로 들어서는 순간 서로가 정말 원하고 필요로 하는 것은 관심에서 멀어진다. 이 상태에서는 제대로 된 협상이 이루어질 수 없다. 양쪽 모두 원하는 것은 얻지 못한 채 관계만 나빠지기 십상이다.

오렌지 하나를 놓고 서로 갖겠다고 다투는 자매가 있다. 다툼이 계속되자 자매의 어머니는 오렌지를 반으로 잘라 자매에게 각각 나눠주며 상황을 정리했다. 언니는 나눠 받은 오렌지 반개의 과육만 먹고 껍질은 버렸다. 그런데 동생은 오렌지의 과육을 버리고 껍질만 남겼다. 케이크를 만들기 위한 재료로 오렌지 껍질이 필요했던 것이다. 자매가 서로 정말 원하는 이해관계에 대해 이야기했다면 싸울 일도, 각자 원하는 것을 절반만 얻게 되는 안타까운 일도 없었을 것이다. 입장만 놓고 협상을 하면 이렇게 이상적인 합의의 가능성을 놓치는 경우가 생긴다.

집들이 초대를 받아 친구네 집에 갔을 때의 일이다. 식사를 하려는데 친구의 4살 된 아들이 굳이 서재에서 밥을 먹겠다고 했다. 친구가 아들을 설득하기 시작했다.

친구　지호야 손님들도 많이 오셨는데 식탁에서 다 같이 먹는 게 더 좋지 않을까?

지호　싫어! 나는 서재에서 먹을 거야.

친구　(지호가 계속 고집을 부리자) 지호는 왜 서재에서 밥을 먹고 싶어?

지호　서재에는 어른 의자가 있잖아. 나도 어른 의자에서 밥 먹고 싶어!

지호는 자신만 유아용 의자에 앉고 싶지 않았던 것이다. 다른 손님들처럼 어른용 의자에 앉고 싶은데 식탁에 남은 자리는 유아용 의자뿐이었다. 그래서 어른용 의자가 있는 서재에서 밥을 먹겠다고 고집한 것이었다. 지호의 이해관계를 알게 된 친구는 서재 의자를 식탁에 가져와 지호를 앉혀주었다. 이렇게 지호와 식탁에서 함께 식사하고 싶은 친구의 이해관계와 어른용 의자에 앉고 싶은 지호의 이해관계가 동시에 충족되었다.

양쪽의 이해관계를 모두 충족시킨 성공적인 협상 사례가 또 있다. 두 사람이 사무실에서 창문을 여는 문제로 언쟁을 벌이고 있었다. 한 사람은 창문을 열어야 한다고 이야기하고 다른 한 사람은 창문을 닫아야 한다고 이야기한다. 그들의 입장이 너무도 팽팽해서 도저히 합의점을 찾을 수 없을 것 같았다. 이때 다른 동료가 중재에 나섰다. 그는 창문을 열려고 하는 사람과 닫으려고 하는 사람에게 각각 이유를 물어보았다.

"사무실에서 신선한 공기를 마시려면 환기가 필요하니까요."

"다들 가만히 앉아서 일하고 있는데 바람이 들어오면 분명 감기에 걸리고 말 거예요!"

그는 잠시 생각을 하더니 언쟁 중인 두 사람에게 다시 물었다.

"창문을 열려는 이유가 환기 때문인 거죠?"

"네, 사무실에 오래 있다 보면 공기가 나빠져서 괴롭거든요."

"그런데 당신은 혹시라도 감기에 걸릴까 봐 창문을 닫아 두고 싶은 거구요?"

"네, 잠깐은 시원하겠지만 요즘 날씨에 바람을 맞으면 금방 감기에 걸려요."

그는 이야기를 모두 들은 후 사무실과 붙어 있는 옆방 문을 열었다. 그러고는 그 옆방의 창문을 열었다. 이제 사무실의 환기도 문제없고 바람을 직접 맞을 필요도 없게 되었다.

이 사례는 이해관계를 알아내는 것이 얼마나 중요한지 잘 보여주고 있다. 만약 중재에 나선 동료가 언쟁 중인 두 사람의 요구에만 주목했다면 갈등은 더 심해졌을 것이다. 그는 두 사람의 진짜 동기는 창문을 열고 안 열고가 아닌 환기와 감기 예방임을 알아차렸다. 즉 두 사람의 이해관계를 정확히 파악해서 두 사람 모두 만족할 결과를 만들어냈다. 협상은 상대에게 내 입장을 확인시키기 위한 말싸움이 아니다. 서로의 진짜 욕구를 이해해서 가장 좋은 해결책을 찾아가는 과정이다.

연봉협상에서 김 부장은 인상을 요구했지만 회사에서는 예산이 부족하다는 이유로 이를 거절했다. 그런데 여기서 협상이 끝났다고 생각하지 말고 양쪽의 이해관계를 알아보아야 한다. 김 부장의 현재 연봉으로는 자녀의 교육비를 감당하기가 버겁다. 회사로서는 연봉 인상은 어렵지만 김 부장이 연봉 문제로 이직을 하게 되면 더 큰 손해다. 이것이 김 부장과 회사의 이해관계다. 그렇다면 예산을 넘지 않는 선에서 양쪽이 합의에 이를 방법을 연구해볼 수 있을 것이다. 김 부장이 추가 업무를 맡아 수당을 받거나 회사가 낮은 이율로 대출을 받을 수 있게 도와주고 내년에 연봉 인상을 약속하는 방법도 있다.

이처럼 협상을 잘하기 위해서는 두 가지를 꼭 기억해야 한다. 첫째, 자신은 물론 상대의 이해관계를 파악하는 게 중요하다. 둘째, 협상에 나서기 전에 김 부장처럼 이해관계를 충족시킬 선택지를 준비하는 것이 좋다. 여러 이해관계가 걸려 있을 때는 순발력 있게 해결책을 찾기가 쉽지 않기 때문이다. 이 두 가지가 준비된다면 협상은 훨씬 수월해질 것이다. 그리고 상대도 그 협상에 대해 새롭게 눈을 뜨고 더 적극적으로 해결책을 찾으려 노력할 것이다.

Check Point

[1] 협상은 이기고 지는 것이 아니라 원하는 것을 얻는 것이다.

[2] 양쪽이 진짜로 원하는 이해관계를 먼저 파악하자.

14___ 흔들리지 않고 견고하게 협상하는 기술

어느 날 친구가 전화를 걸어와 힘없는 목소리로 자신이 큰 실수를 한 것 같다고 말했다. 프리랜서로 활동하는 친구는 의뢰받은 일을 놓치기 싫은 마음에 평소보다 낮은 금액임에도 덜컥 작업 계약을 했다는 것이다. 업무 미팅이 끝나고 집으로 돌아가는 길에 곰곰이 생각해보니 어쩐지 상대의 페이스에 말려든 것 같은 기분이 들었고 이제 와서 금액을 다시 조정할 수도 없는 상황이라 화가 난다고 했다. 일상과 비즈니스에서 크고 작은 협상을 한 뒤 돌아서서 이런저런 후회를 한 기억, 누구나 있을 것이다. 합의를 하긴 했는데 어쩐지 개운치 않아 자꾸만 상황을 복기하고, 상대의 제안에 어떻게 대응할지 몰라 허둥대던 내 모습이 바보같이 느껴진다. 그제야 '그때 이렇게 할걸' 하는 아쉬움이 든다. 이 모든 건 최선의 대안, 즉 배트나BATNA(Best Alternative To a Negotiated Agreement)를 미리 준비해두지 않았기 때문이다.

하버드 협상연구소가 개발한 '배트나'는 협상을 이야기할 때 반드시 등장하는 개념이다. 로저 피셔와 윌리엄 유리가 집필한 《Yes를 이끌어내는 협상법》에서 처음 알려졌다. 배트나는 가장 좋은 조건의 협상이 결렬되었을 때 제시할 수 있는 '최선의 대안'을 말한다. 다시 말해 협상에 실패하더라도 꺼내 놓을 수 있는 카드, 즉 일종의 '믿을 구석'이다.

어느 날 아이가 새로 나온 장난감을 사달라며 엄마를 조른다.

"엄마 새로 나온 레고 갖고 싶어요. 사 주세요."

"수학시험에서 100점 받으면 사줄게."

"그럼 할머니한테 얘기할 거예요. 할머니는 제가 100점 안 받아도 사 주실 거예요."

아이에게는 엄마를 대신해 장난감을 사줄 할머니라는 배트나가 있다. 여기서 상황이 끝난다면 배트나를 가진 아이가 이 협상의 승자다. 하지만 엄마에게는 이에 맞설 또 다른 배트나가 있다. 할머니에게 아이는 이미 장난감이 많으니 교육상 레고를 사주지 말라고 말하는 것이다. 그러면 아이의 배트나는 힘을 잃게 된다.

일본 교토에 출장을 갔을 때였다. 촬영을 하러 청수사로 가는 언덕길에 호리병 기념품을 파는 가게가 줄지어 있었다. 눈에 띄는 가게에 들어가 호리병 가격을 물어봤다.

나　　이 작은 호리병은 얼마예요?

주인　천 엔입니다.

나　　생각보다 비싸네요. 다른 가게에도 가보고 결정할게요.(나의 배트나)

주인　우리 가게는 무려 200년이나 가업을 이어온 곳이에요. 게다가 호리병 안에는 작은 구슬이 들어 있는데, 이건 우리 가게에만 있어요. 이걸 사면 200년 역사의 가게에서 파는 구슬까지 들어 있는 호리병을 사는 거예요.(주인의 배트나)

결국 나는 그 자리에서 호리병을 구입했다. 나는 그 가게가 아니어도 호리병을 살 곳이 많다는 배트나를 꺼냈다. 그러자 주인은 다른 가게는 자신의 가게에 대한 대안이 될 수 없다고 설명했다. 주인은 손님들이 흔히 꺼내는 배트나를 무력화할 자신만의 배트나를 갖고 있었던 것이다.

대화를 할 때 굳이 갑을관계를 따진다면 더 강력한 배트나를 갖고 있는 쪽이 갑이다. 가령 내가 직장을 구하기 위해 한 회사에 지원을 한 상태라고 하자. 이때 나와 비슷한 스펙의 지원자가 많으면 나보다 회사의 배트나가 더 강하다. 대안이 될 후보가 많기 때문이다. 반면 업계에서 많은 인력을 필요로 하지만 실제 해당 조건을 갖춘 지원자가 적다면 어떨까. 그리고 그 업계의 요구조건을 갖춘 사람이 나라면? 당연히 나의 배트나가 더 강하다. 나는 이 회사가 아니더라도 다른 회사에 갈 수 있다는 대안이 있기 때문이다.

배트나는 단순히 차선책의 개념이 아니다. 배트나를 가진 협상자는 두 가지나 유리한 패를 가진 것이기 때문이다. 우선 여유가 생긴다. 대안이 없으면 협상이 깨지는 것이 두려워 상대의 요구에 끌려다니기 쉽다. 앞서 이야기한 내 친구처럼 말이다. 반면 배트나가 좋을수록 협상에서 주도권을 갖게 된다. 아직 합격한 곳이 하나도 없는 상황에서 채용 면접을 볼 때의 기분을 짐작해보자. 그리고 이미 두 곳에서 입사 제안을 받아둔 상황에서 면접을 보는 기분과 비교해보자. 어떤 입장에서 더 여유롭게 면접을 볼 수 있을지는 너무나 명확하다. 다음으로 유리한 것은 더 나은 결정을 놓치는 실수를 막을 수 있다는 점이다. 배트나를 준비해두면 이를 합의의 기준으로 삼을 수 있다. 때문에 상대가 나에게 불리하거나 더 큰 이

익을 감춘 조건을 차선책으로 제시했을 때 무턱대고 결정하는 실수를 막아준다. 예를 들어 한 사진작가가 웨딩촬영 비용을 100만 원으로 정해놓았다고 하자. 이때 80만 원 이하는 절대 안 된다는 단순한 가격 하한선을 정하는 것은 좋은 기준이 아니다. 물론 그 기준이 고객과의 가격협상에서 지나치게 낮은 금액의 작업을 받지 않도록 해줄 수는 있다. 하지만 가격을 70만 원만 받더라도 그 고객이 친구들을 많이 소개해준다면 그 거래가 더 나은 대안이 될 수 있다. 이처럼 배트나는 단순한 차선책이 아니라 명확하게 최선의 대안이 될 수 있는 것이어야 한다.

이러한 배트나는 3단계를 거쳐 개발할 수 있다. 1단계는 가능한 배트나를 모두 떠올려보는 것이다. 집을 5억 원에 팔려고 내놓았고 4억 7천만 원 이하로는 팔지 않겠다고 마음먹었다. 그런데 집을 사겠다는 사람이 4억 5천만 원 이상은 줄 수 없다고 한다. 이때 생각할 수 있는 대안을 최대한 떠올려본다. 그냥 4억 5천만 원에 팔 수도 있다. 아니면 4억 7천만 원에 사겠다는 사람이 나타날 때까지 계속 기다릴 수도 있다. 또 집을 수리해서 더 좋은 가격에 집을 내놓거나 그냥 팔지 않고 임대를 할 수도 있다. 2단계는 1단계에서 떠올린 배트나 중에 가장 가능성 높은 대안 몇 가지를 정하는 것이다. 그러고는 그 대안의 구체적인 방법을 생각해본다. 만약 4억 5

천만 원에 판다면 이사 날짜를 내가 정하고 그 날짜에 잔금을 받는 조건을 걸 수 있다. 혹은 집에 은행 대출 잔금이 있다면 그 잔금을 매수자가 인수하는 조건을 달 수도 있다. 마지막 3단계는 그 중 최고의 배트나를 선택해 협상을 하며 더 구체적으로 조율하는 것이다. 이런 과정을 거쳐 배트나를 준비해두면 상대가 조건을 제시했을 때 빠르게 대응할 수 있다. 배트나를 치밀하게 준비할수록 협상에서 유리하다.

하지만 준비는 했는데 정작 활용하지 못하면 배트나는 힘을 발휘할 수 없다. 나만 속으로 알고 있으면 기준이야 되겠지만 협상에 큰 도움은 안 된다. 그러니 지금부터는 배트나를 활용하는 방법에 대해 알아보자. 첫 번째 방법은 적절한 때에 슬쩍 배트나를 꺼내 보이면서 자연스럽게 압박하는 것이다. 이때 너무 직접적으로 배트나를 드러내면 안 된다. 배트나를 적극 활용하겠다는 생각에 협박용 카드로써 남발하는 것은 오히려 협상을 망치는 원인이 된다.

슬쩍 배트나를 꺼냈을 때 상대가 별다른 대안을 가지고 있지 않다면 나의 요구를 들어줄 것이다. 하지만 나중에 나보다 더 강력한 배트나를 갖게 되면 나에게 되갚을 수도 있다. 그러면 얻는 것보다 잃는 것이 많아진다. 나는 지금 연봉 인상 문제로 상사와 협상을 벌이는 중이다. 그리고 얼마 전 다른 곳에서 스카우트 제의를 받아 배트나가 확보된 상황이다. 이때 어떻게 배트나를 알리는 것이 좋을까.

"사실 얼마 전에 제가 스카우트 제의를 받았거든요. 원하는 대로 안 해주시면 이 회사 그만두고 경쟁사로 갈 거예요!"

이렇게 말한다면 상사는 당신이 협박한다고 생각할 것이다. 당신에 대한 분노가 합리적인 득실을 따지는 이성을 넘어버릴 것이다. 그리고 이렇게 대답할지도 모른다.

"그럼 거기로 가면 되겠네!"

그러면 원치 않았는데 정말 회사를 떠나야 할 수도 있다. 회사에 남더라도 상사와의 관계는 이미 저만치 멀어져 버린 후다.

대신 이렇게 말해보자. 계속 회사에 남고 싶다는 의사를 상사에게 명확하게 전해야 한다.

"경쟁사에서 지금 연봉보다 20%를 인상해주겠다고 스카우트 제안이 왔어요. 가족들도 경쟁사로 옮기는 게 좋겠다고 계속 권하네요. 저는 조건이 맞는다면 회사에 계속 남고 싶은데 말이죠."

나의 목표는 상사를 이기는 것이 아니라는 점을 확실히 보여줘야 한다. 협상에서는 무조건 내 조건을 들어달라고 주장하기보다 서로가 만족할 해결책을 찾고 있다는 점을 상대에게 지속적으로 알려주어야 한다. 그리고 상대가 제안한 협상안이 나의 배트나보다 얻을 것이 적다면 그 협상은 포기하는 편이 낫다.

두 번째로 배트나를 직접 알리지 않고 제삼자를 활용해 소문을 내는 것도 좋은 방법이다. 홍콩 정부가 디즈니랜드를 유치하기 위한 협상을 할 때 이 방법을 활용했다. 당시 디즈니랜드는 홍콩 정부에게 각종 비용 지원과 세제 혜택 등 과도한 요구를 했다. 홍콩 정부는 골치가 아팠지만 그렇다고 '그건 불가능하다'고 맞설 수는 없었다. 그랬다가는 협상이 더 힘들어질 게 뻔했기 때문이다. 이때 홍콩 정부는 이 상황을 언론에 흘리기로 했다. '아이들의 꿈과 희망을 소중히 하는 디즈니랜드가 과도한 경제 논리에 매달리고 있다'는 식으로 말이다. 이 보도 후 월트디즈니는 엄청난 여론의 비난을 받았다. 기업 이미지가 걸린 문제였기에 협상 조건에서 일정 부분 양보할 수밖에 없게 되었다.

이처럼 배트나는 상대를 압박하는 데 분명한 효과가 있다. 그러나 중요한 것은 배트나가 관계를 해치는 협박이 되지 않도록 제대로 활용해야 한다는 점이다. 잘 준비된 배트나가 있으면 협상을 중단시키거나 포기하는 일도 훨씬 쉽다. 이것은 매우 중요한 부분이다. 이런 판단이 필요한 상황에서 우물쭈물할수록 내가 얻을 것은 줄어들기 때문이다. 배트나는 하늘이 내려주는 타고난 재능 같은 것이 아니다. 자신이 개발하는 것이다. 늘 준비되어 있어야 하고 계속 보완해야 한다. 더 이상 상대에게 끌려다니는 대화나 협상을 하고 싶지 않다면 자신감을 키우자. 그 자신감이 바로 배트나다.

Check Point

[1] 배트나는 차선책이 아닌 최선의 대안이다.

[2] 대화와 협상에서 여유와 주도권을 갖게 해주는 배트나는 협박카드가 아닌 준비된 자신감이다.

15____ 협상을 망치는 가장 쉬운 방법

1986년 1월 28일 미국의 우주왕복선 챌린저호는 발사 73초 만에 공중 폭발했다. 챌린저호의 승무원 7명 전원이 희생된 이 충격적인 장면을 목격한 전 세계는 할 말을 잃었다. 사실 이날의 참사는 이미 예견돼 있었다. 발사 당일 기온이 급격히 하락할 것으로 예상되면서 고무 패킹이 문제를 일으킬 가능성이 높아진 것이다. 담당 기술자들은 발사를 취소해야 한다고 보고했다. 하지만 미국 항공우주국NASA은 이를 무시한 채 발사를 강행했다. 그것은 돌이킬 수 없는 엄청난 실수였다. 그들은 챌린저호의 발사에 대한 기대로 들떠 있었고 그 흥분이 이성적인 판단을 막아버렸던 것이다.

앞서 이야기했듯이 인간은 감정의 지배를 받는다. 인간은 어떤 상황에서도 감정을 완전히 떼어놓을 수 없다. 기뻐하고 흥분하며 실망하고 화가 난다. 당연히 감정을 느끼는 것만큼 다른 사람의 감정을 잘 살피고 보듬어주는 것 또한 중요하다. 그리고 본능적인 감정을 그대로 표현해 감정적으로 행동하는 것은 어떤 상황에서든 매우 위험하다. 챌린저호의 비극처럼 지나친 흥분이 잘못된 판단을 불러올 수 있다. 반대로 부정적인 감정에 휩싸일 때도 실수를 하기 쉽다. 특히 협상 대화에서 감정적으로 반응할수록 상황은 불리해진다. 감정이 이성을 마비시키기 때문이다.

또한 상황에 따라 감정을 여과 없이 표현하는 것은 상대를 자극할 수 있다. 그것이 기쁨에 찬 흥분일지라도 말이다. 미국 프로 풋볼 리그에서는 과도한 세리머니를 했을 때 벌칙을 부과한다. 상대에게 불쾌한 감정을 일으킬 수 있기 때문이다. 운동경기나 공적인 자리에서뿐 아니라 일상에서도 지나친 기쁨의 표현은 의도와 달리 상대에게 상처를 주기도 한다. 만일 친구와 함께 응시한 채용시험 결과 당신만 합격 통보를 받았다고 하자. 합격 사실을 확인한 순간 너무 기쁜 나머지 폴짝폴짝 뛰며 이렇게 말한다. "내가 합격을 했다니 너무 감격스러워서 눈물이 날 것 같아. 정말 기뻐. 내 노력이 드디어 보상받았어." 친구는 당신을 진심으로 축하해줄까? 오히려 당신이 자신의 감정을 무시하며 상처를 준다고 생각할 것이다. 반대로 부정적 감정을 본능대로 표현할 때 상황이 악화되는 것은 더 말할 것도 없다.

사실 협상 대화에서는 상대가 당신의 감정적 반응을 일부러 유도하는 경우가 많다. 그런 의도에 넘어가 발끈하면 당신의 입장은 급격히 불리해진다. 감정에 사로잡혀 객관성을 잃고 협상을 제대로 할 판단력이 떨어지기 때문이다. 따라서 상대가 당신의 심리를 흔들기 위해 감정을 자극할 때 그 미끼를 덥석 물어서는 안 된다. 심리 흔들기에 걸려든 순간 당신의 반응을 빌미로 상황의 주도권을 잡으려 할 것이다.

하버드 비즈니스 스쿨의 앨리슨 우드 브룩스Alison Wood Brooks 교수는 수업 시간에 학생들과 '계약 존중하기'라는 협상 실습을 한다. 학생들에게 의견 차이로 갈등을 빚고 있는 업체 간의 재협상을 진행하라는 과제를 주는 것이다. 파트너가 된 학생들은 각각 양쪽 업체의 역할을 맡고 회사 재무와 정책에 대한 정보를 받는다. 이 재협상은 계약을 수정하거나 해지할 수도 있고 소송으로 이어질 수도 있는 과정이다. 그리고 각 팀의 한 사람에게만 비밀 지시를 내린다. 그것은 협상을 시작하면 최소 10분 동안은 화를 내야 한다는 내용이다. 계속해서 화를 내는 구체적인 요령까지 알려준다.

화를 내라는 지시를 받은 학생은 상대의 이야기를 가로막고 큰 소리로 비난한다. 그러면 이 지시 내용을 모르는 학생 일부는 상대를 진정시키려 노력하는 방법으로 대응한다. 반면 어떤 학생들은 자신도 같이 화를 내며 대응한다. 이 협상 실습의 결과 화를 더 많이 낼수록 협상은 실패로 끝날 확률이 높았다. 소송으로 이어지거나 계약을 해지하기도 했다. 그리고 실습이 끝난 뒤 학생들에게 비밀 지시를 알려주면 모두가 같은 깨달음을 얻었다. 협상 테이블에서 분노를 표출하는 것은 곧 터질 폭탄을 드는 것과 마찬가지라는 사실을 말이다. 이처럼 분노는 협상을 망치는 가장 쉬운 방법이다.

이 결과는 우리의 뇌 구조를 살펴보면 더욱 설득력 있게 다가온다. 사람의 뇌는 전두엽과 편도체 등으로 이루어져 있다. 이성을 담당하는 전두엽은 우리가 차분히 생각하도록 돕는다. 감정을 담당하는 편도체는 뇌의 문 앞에서 외부 자극에 빠르게 반응한다. 화나 분노가 상대의 편도체를 자극하면 금세 나쁜 감정을 퍼뜨린다. 그 순간 상대의 전두엽은 이성적으로 생각하는 활동을 멈춘다. 서로의 이해관계를 충족시킬 만한 합의점을 만들어내기 어려워지는 것이다.

거래처와의 중요한 계약을 놓친 당신에게 상사가 이렇게 말한다.

"그 연차에 이 정도 일도 성사시키지 못하고 부끄럽지도 않나?

월급이 아깝다!"

이때 당신의 뇌에서는 편도체가 활성화된다. 상사의 비난에 화가 나고 억울한 감정에 휩싸일 것이다. 만일 같은 상황에서 상사가 이렇게 말했다면 결과는 달랐을 것이다.

"어떤 부분 때문에 계약을 놓쳤다고 생각하나? 잘 해내리라 믿었는데 결과가 안타깝군."

이때는 당신의 전두엽이 활동할 가능성이 커진다. 그래서 이 상황을 이성적으로 반성해보고 앞으로의 개선점을 찾으려 노력할 것이다.

이렇듯 감정에 치우친 행동은 대부분의 상황에서 득이 될 게 없다. 하버드 협상연구소의 윌리엄 유리는 감정이 움찔하는 난관에 부딪히면 발코니로 나가라고 조언한다. 반사적인 행동이 나오려고 하면 잠시 바람을 쐬며 편도체가 진정할 수 있는 시간을 주는 것이다. 밖으로 나가기 어려운 상황이면 마인드 컨트롤로 마음을 다스릴 수 있다. 조금 멀리 떨어져서 이 상황을 내려다본다는 기분으로 마음속 발코니에 올라갔다고 상상하자. 발코니로 나가라는 것은 본능이 이끄는 감정적 충동으로부터 멀어지라는 의미다. 발코니에서 서로의 입장을 객관적으로 바라보며 만족할 수 있는 문제 해결법을 찾아보자.

감정을 제어하기 위한 준비는 본격적인 협상이나 대화를 시작하기 전에도 중요하다. 당신이 급히 마무리해야 할 업무로 정신이 없을 때 전화가 울린다. 받아보니 예상보다 까다롭게 진행 중인 프로젝트의 담당자다. 이럴 때는 굳이 대화를 바로 시작할 필요가 없다. 무방비 상태로 대화를 시작했다가 감정적으로 반응하는 실수를 하고 판단력을 잃을 수 있기 때문이다. 대화를 나누기보다는 이렇게 말해보자.

"전화 주셔서 고맙습니다. 지금 급한 업무를 처리 중인데 빨리 끝내고 5분 후에 다시 전화 드리겠습니다." 그러고 나서 심호흡을 하며 잠시 휴식을 갖자. 배트나도 떠올려보고 감정적 반응이 일어날 때 나갈 수 있도록 마음속 발코니를 열어두는 것이다. 그런데 나는 감정적 반응을 통제할 준비가 되었지만 상대는 그렇지 않은 경우가 있다. 상대가 자신의 감정을 이기지 못해 나를 향해 무차별 공격을 퍼붓는 것이다. 그때는 일본 야구계의 전설적인 거포 오 사다하루(왕정치)의 이야기를 떠올려보자. 그는 홈런 타자 시절 자신의 배팅 비결을 밝혔다. 투수를 이겨야 할 상대로 보지 않고 자신의 파트너로 생각한 것이다. 그래서 투수가 공을 던질 때 자신에게 홈런을 칠 기회를 준다고 생각하며 배트를 휘둘렀다.

우리도 그의 마인드 컨트롤 방법을 활용해볼 수 있다. 내 앞에 있는 대화 상대가 감정적으로 반응하며 나를 공격하고 자극할 때 이렇게 생각하자. '상대가 객관성을 잃어가며 상황이 나에게 유리해지도록 도와주네'라고 말이다. 그리고 완벽하게 대응할 말이 생각날 때까지 말을 멈추자. 침묵으로 대응하면 상대는 분명 이 상황이 불편해질 것이다. 이 대화를 이어나가야 한다는 부담이 상대에게 넘어갔기 때문이다. 또 상대는 이 침묵의 의미가 무엇인지 궁금해진다. 그래서 그 의미를 읽기 위해 이성적으로 생각하기 시작한다. 이렇듯 침묵은 상대에게도 발코니로 나가 휴식을 가질 기회를 준다.

우리가 대화에서 분노의 감정을 느끼는 것은 잘못이 아니다. 하지만 이를 적절하고 영리하게 표현하지 못하는 것은 문제다. 특히 협상을 성공적으로 이끌고 싶다면 포커페이스를 잘 익힐 필요가 있다. 기쁨과 흥분은 상황에 따라 적절히 표현해야 하고 상대에 대한 분노와 비난은 능숙하게 통제해야 한다. 반사적인 감정 반응이 협상의 목표를 망치지 못하도록 다스리는 것이다. 다시 말하지만 우리의 감정은 잘못이 없다. 화가 나고 당혹스럽기도 하고 기쁨과 흥분에 도취되기도 한다. 다만 감정을 충동적으로 무분별하게 표현하지 않아야 한다는 것이다. 그 감정을 참아 넘기는 시간이 너무 길게 느껴질 수도 있다. 상대가 이성을 잃고 소리를 지르고 막무가 내로 나온다면 더욱 힘들 것이다. 하지만 실제로 그 시간은 그리 길지 않다. 상대의 분노에 분노로 대응하면 후련한 기분이 들 수는 있다. 하지만 우리가 가장 후회하게 될 말이 탄생하는 순간이 바로 화가 났을 때다. 잊지 말자. 본능적인 감정을 잘 통제하는 사람이 협상 대화에서 목표를 이룬다는 사실을.

Check Point

[1] 감정에 휘둘리는 것은 협상을 망치는 가장 쉬운 방법이다.

[2] 감정이 움찔하는 순간, 발코니로 나가라.

16____ 사람을 움직이는 가장 강력한 힘, 프레이밍

두 커플이 오랜만에 모여 놀이공원에서 즐거운 시간을 보내기로 약속했다. 그런데 하필이면 그날 한파주의보가 내려졌다. 한 남자가 여자친구에게 이렇게 말했다. "오늘 너무 추워서 놀이공원은 안 되겠다. 난 추운 건 정말 질색이야. 그냥 따뜻한 거나 먹으러 가자." 그런데 함께 있던 또 다른 남자는 그의 여자친구에게 이렇게 말한다. "오늘 너무 춥네. 놀이공원에서 놀다가 너 감기라도 걸리면 큰일이잖아. 그러니까 오늘은 분위기 좋은 곳에서 맛있는 거라도 먹자." 둘 중 누가 여자친구에게 더 사랑받을까.

어떤 환자가 의사로부터 수술을 받으면 5년 후에도 생존할 확률이 90%라는 말을 들었다. 그 환자는 수술을 하기로 결정했다. 그런데 다른 환자는 수술 후 5년 이내 사망할 확률이 10%라고 들었다. 그는 수술하지 않기로 했다. 두 환자가 들은 이야기는 정확하게 같은 정보다. 하지만 의사가 정보를 전하는 방식에 따라 두 환자는 다른 선택을 했다. 이처럼 같은 이야기라도 제시하는 방법에 따라 상대의 해석과 의사결정이 달라진다. 이런 현상을 '프레이밍 효과framing effect'라고 부른다. 프레임frame은 인식이나 생각의 틀을 뜻하는 단어로 프레이밍은 틀 짜기라고도 한다.

프레이밍은 대화의 여러 기술 중에서도 고급 기술에 속한다. 능숙한 프레이밍을 하려면 고민과 노력이 필요하지만 그 효과는 무엇보다 뛰어나다. 하버드 비즈니스 스쿨에서 협상학을 강의하는 디팩 맬호트라Deepak Malhotra는 "뛰어난 협상가는 무엇을 제안하는가보다 어떻게 제안하는가가 중요하다는 사실을 안다"라고 말했다. 프레이밍이 얼마나 대단한 힘을 발휘할 수 있는지를 강조한 것이다. 실제로 일상 대화뿐만 아니라 정치, 마케팅 등 다양한 분야에서 프레이밍 효과가 활용된다.

정치인들은 선거를 자신에게 유리한 방향으로 이끌기 위해 프레이밍 효과를 활용한다. 단어 하나, 사진 한 장을 고르는데도 몹시 고심한다. 유권자들의 선택 기준에 맞는 프레이밍을 먼저 차지하기 위해서다. 조지 W. 부시 대통령의 '악의 축axis of evil'이라는 발언이 대표적 사례다. 이 발언은 2002년 부시의 연두교서(미국 대통령이 매년 1월 말이나 2월 초 의회를 상대로 자신의 국정 운영 방침을 밝히고 관련 입법을 권고하는 정기적인 연설)에서 나왔다. 48분짜리 연설에서 '악evil'이라는 단어가 쉼 없이 쏟아져 나왔다. 반복된 발언은 정책 연설이라기보다 세뇌를 시키려 작정한 것처럼 보일 정도였다. 부시의 연설은 미국 국민뿐만 아니라 전 세계에 각인되었다. 테러와의 전쟁을 선포하는 이 연설에서 '악의 축'은 테러를 지원하는 정권을 가리키는 단어였다. 부시는 선과 악의 대립 프레임을 만들고 악의 축으로 꼽았던 이라크를 공격하는 데 활용했다. 이 단어는 절대로 우연히 나온 것이 아니다. 당시 공화당은 자신들의 입장을 대변할 단어를 찾기 위해 많은 고민과 노력을 투자했다. 그렇게 완성한 강력한 단어가 바로 '악'이었다. 그리고 이를 통해 안보에 대한 경각심을 최대치로 끌어올리는 프레이밍(악의 축)에 성공한 것이다.

"우리는 친절할 수밖에 없습니다. 우리는 2등에 불과합니다. 그래서 더 열심히 노력합니다."

1962년 미국의 렌터카 업체 에이비스Avis가 내놓은 광고 카피다. 당시 에이비스가 업계 2위였던 것은 사실이다. 하지만 1위 업체인 허츠Hertz의 경쟁상대조차 되지 못할 만큼 초라한 규모였다. 허츠는 시장점유율이 60%가 넘는 압도적 1위였다. 그 외 작은 업체들이 나머지 40%를 두고 경쟁하고 있었다. 2등이나 3등이나 순위를 매기는 게 의미 없는 상황이었다. 그런데 '2등'을 강조한 카피 덕분에 에이비스의 인지도가 올라가기 시작했다. 소비자가 허츠와 에이비스를 렌터카 업계의 양대 산맥으로 받아들인 것이다. 마치 콜라 하면 코카콜라와 펩시인 것처럼 말이다. 이 광고 이후 두 달 만에 허츠의 시장점유율은 45%까지 떨어졌다. 그리고 적자에 허덕이던 에이비스는 매출이 오르는 성공을 거두었다. 게다가 2등이어서 더 열심히 한다는 프레이밍으로 좋은 이미지까지 얻었다.

정치나 비즈니스처럼 치열한 경쟁이 벌어지는 분야가 아니어도 일상의 난감한 상황에서 프레이밍을 잘 활용하면 나에게 유리한 방향으로 풀어갈 수 있다. 모두가 어려워하는 상황 중 하나인 취업 면접을 살펴보자. 면접관이 "혹시 S사에서 인턴으로 있을 때 채용 제의를 받았었나요?"라고 물었다. 제의를 못 받았다면 대답할 말을 신중히 생각해야 한다. 없다고 대답하자니 능력이 없다는 자백을 하는 것 같고, 있다고 거짓말하자니 찜찜한 기분이다. 하지만 이런 질문에 '있다', '없다'로만 대답해야 한다는 프레임을 지킬 필요가 없다. 새로운 프레임을 꺼내서 제시하면 된다. "제가 인턴 때는 업무 처리가 조금 서툴렀습니다. 하지만 이제는 잘할 수 있습니다"라는 식으로 '실력' 프레임을 꺼내면 면접은 더욱 불리해질 뿐이다. "S사가 추구하는 기업가치가 제 성향과 잘 맞지 않았습니다. 저는 S사보다 귀사와 더 잘 맞습니다. 그리고 실제로 S사와 귀사의 채용기준이 다른 것으로 알고 있습니다." 이렇게 면접을 보는 회사와 더 잘 맞는다는 프레임으로 면접관을 설득해야 한다.

협상에서도 프레이밍이 중요하다. 하버드 협상연구소의 윌리엄 유리는 "협상은 사람과 싸우는 것이 아니라 문제와 싸우는 것"이라고 했다. 협상에서 상대와 마주 보고 싸우는 프레이밍을 하면 상대는 적이 된다. 하지만 상대와 내가 나란히 함께 문제를 상대로 싸우도록 프레이밍 하면 상대는 파트너가 된다. 그리고 함께 해결책을 찾기 위해 서로 더욱 협력하게 된다.

휴양지에서 휴가를 보내던 J는 호텔 방을 옮기고 싶었다. 방이 클럽 옆이라 도저히 잠을 잘 수 없을 정도로 시끄러웠기 때문이다. 그녀는 로비로 내려가 한 직원에게 이 문제에 대해 이야기했다. 먼저 호텔 직원도 소음 때문에 스트레스가 이만저만이 아니겠다는 말로 위로를 건넸다. 또한 소음 문제를 직원의 탓으로 돌리는 것처럼 보이지 않도록 조심했다. 그 다음 호텔 측에서는 이런 경우 문제를 어떻게 처리하는지 차분히 물었다. 별다른 방법이 없다면 자신이 모두의 평화를 위해 직접 경찰에 신고를 할 수도 있다고 말한다. 또 이 상황을 잘 해결해준다면 본사에 감사 편지를 써서 고마움을 꼭 표시하겠다는 말을 덧붙인다.

“제 방이 클럽 옆이라 너무 시끄러워서 잠을 못 자고 있네요. 매니저님도 밤 근무에 힘드실 텐데 소음 때문에 스트레스와 피로가 엄청나시죠? 클럽은 영업을 하려면 객실 손님들도 배려를 해야 할 텐데 소음이 밖으로 나오는 걸 모르는 건지…. 이런 경우 고객 만족을 위해서 호텔 측에서는 어떤 방법을 취하나요? 뾰족한 수가 없다면 매니저님이 나서기는 곤란하실 테니 제가 경찰에 신고를 할 생각도 있어요. 이 밤에 다들 괴로울 텐데 모두의 평화를 위해 제가 할 수 있는 건 해볼게요.”

이야기를 끝낸 후 호텔 직원은 곧바로 그녀의 방을 업그레이드해 옮겨 주었다.

J는 자신과 호텔 직원을 함께 소음 문제를 해결해나갈 파트너로 프레이밍했다. 또한 이야기를 하는 내내 직원의 감정을 살피며 협조적인 태도를 보여줬다. 사실 다른 객실 손님도 같은 문제로 호텔 직원에게 불만을 제기했었다. 그는 화난 목소리로 호텔과 직원을 비난하면서 방을 옮겨달라고 요구했다. 하지만 남는 방이 없어 옮겨줄 수 없다는 대답만을 들었을 뿐이다. 같은 요구도 어떻게 전하느냐에 따라 이렇게 협상 결과가 달라진다. J처럼 상대를 기분 좋게

하고 저절로 고개가 끄덕여지게끔 상황에 맞는 프레이밍을 한다면 원하는 결과를 얻을 수 있다.

프레이밍은 생각보다 많은 상황에서 활용할 수 있다. 미국 GE의 회장이었던 잭 웰치Jack Welch는 어린 시절 말을 더듬었다. 그런데 잭 웰치의 말더듬이를 두고 그의 어머니는 이렇게 말했다. "잭, 그건 네가 너무 똑똑해서 그래. 네 머리 회전 속도가 워낙 빨라서 말이 그 속도를 못 따라가니 그런 거야." 위대한 어머니의 현명한 프레임 덕분에 잭 웰치는 말더듬이라는 콤플렉스를 극복하고 세기의 경영인이 되었다. 이처럼 프레이밍에는 어떤 어려운 상황에서도 해결책을 찾아주는 강력한 힘이 있다. 사람을 움직이는 힘, 이것이 우리가 프레이밍을 시도해야 하는 이유다.

Check Point

[1] '프레임'은 상황에 대한 인식 또는 생각의 틀을 의미한다.
[2] 같은 말도 프레이밍에 따라 상대의 해석과 의사결정이 달라진다.
[3] 프레이밍은 사람을 움직이고 원하는 것을 얻는 확실한 전략이다.

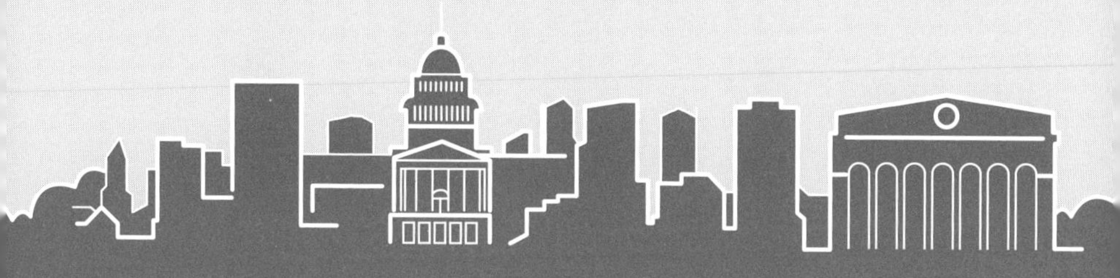

4부

말로 호감 주는 사람,
말로 상처 주는 사람

17___ 적을 만드는 대화법, 내 편을 만드는 대화법

대화의 기술을 열심히 익히고 다정한 말투를 연습했는데 주변 사람들과의 관계가 나아지질 않는다. 대화 분위기가 수시로 얼어붙고 왜인지 유쾌함과는 자꾸 멀어진다. 이런 고민을 가진 사람들의 말 습관을 들여다보면 대부분 무심결에 자주 나오는 단어가 있다. 그 문제의 단어는 바로 '하지만'과 '그런데'이다. 습관처럼 쓰는 이 단어가 대화를 말싸움으로 바꿔버리는 경우가 너무나 많다.

친구의 생일을 축하해주기 위해 케이크를 사러 갔을 때였다. 그 가게의 대표 케이크는 워낙 인기가 많아서 예약을 하지 않고서는 사기가 굉장히 어려웠다. 나는 며칠 전부터 예약을 해놓고 여유롭게 가게를 찾았다.

"3일 전에 케이크 예약했어요."

"네, 예약을 하셨네요. 그런데 케이크가 남아있는 게 없어요."

"네? 분명히 전화로 예약했는데요."

"예약하신 건 맞지만 그 케이크가 다 나가버렸어요."

"이해가 잘 안 되네요. 그럼 예약은 왜 받는 거죠? 제가 가져갈 케이크 한 개는 남겨두셨어야죠."

"맞는 말씀입니다. 그런데 오전 근무 직원이 제대로 확인을 안 하고 판매를 해버린 것 같아요."

나는 그날 '하지만'과 '그런데'의 파괴력을 제대로 실감했다. '사람의 반감을 돋우는 데 이만한 단어가 없구나'라는 생각까지 들었다. '그런데'라는 단어를 듣자 내 이야기가 완전히 무시되는 듯한 불쾌감이 들었다. 만약 케이크 가게에서 내게 다른 방식으로 이야기를 해주었다면 그리 속상하지는 않았을 것이다. "네, 예약하신 게 맞습니다. 그리고 죄송하게도 그 케이크가 다 나가버렸어요. 혹시 괜찮으시면 다른 케이크로 고르시고 저희가 서비스를 좀 챙겨드려도 될까요?" 이렇게 말이다. 어떤가. 상상만으로도 기분이 훨씬 누그러지지 않는가.

지금껏 우리가 써왔고 들어왔던 '하지만'을 생각해보자. 그 뒤에 긍정적인 이야기가 따라오는 경우는 별로 없었다. "녹음은 매끄럽게 잘했어. 그렇지만…", "일주일이면 마무리가 될 거라고 말씀드리기는 했습니다. 하지만…", "급하신 사정은 잘 알겠습니다. 하지만…" 이 이야기들의 생략된 뒷부분은 들으나 마나 듣는 사람에게 반갑지 않은 내용일 것이다. '하지만'이 등장하는 순간 앞서 이야기한 말들은 지금부터 시작할 진짜 이야기(틀림없이 부정적인 내용일)를 위한 '달래기'였음이 확인됐기 때문이다.

하버드 로스쿨 교수 더글러스 스톤을 비롯한 하버드 협상연구소는 다른 사람의 이야기를 수용하는 방법으로 '그리고 대화법'을 제시했다. 모든 사람은 각자 다른 인식을 갖고 있고 우리는 그것을 인정하고 관심을 가져야 한다. 다만 실천이 쉽지 않은데 실제 대화에서 구체적으로 쓸 수 있는 방법이 '그리고 대화법'이다. 우리는 대화를 할 때 다른 사람의 이야기에 동의하든 반대하든 하나만 선택해야 한다고 생각한다. 그러나 상대의 생각을 인정하는 것이 상대 의견에 동의한다는 뜻은 아니다. 대화를 하는 동안에는 내 생각과 상대의 생각을 모두 인정한다는 전제에서 결론으로 나아가야 한다. 그러기 위해 필요한 것이 '그리고 대화법'이다.

양쪽 이야기를 모두 인정하라는 것은 박쥐 같은 기회주의자가 되라는 뜻이 아니다. 이야기가 어떤 결론으로 끝나는가 하는 문제와는 상관없다. 잊지 말아야 할 점은 양쪽의 생각이 모두 존중받아야 한다는 사실이다. '그리고'를 사용해 대화하면 양쪽의 이야기를 동등한 무게로 인정하며 서로의 생각을 제시할 수 있다. 이 대화법은 특히 상대에게 불편하고 어려운 말을 전해야 할 때 효과적이다. 가령 거래하던 업체와 계약을 해지하려 할 경우 이렇게 말해볼 수 있다. "우리는 이러이러한 이유로 계약을 해지하려고 합니다. 그리고 이 일로 당신이 크게 실망하고 노력해야 할 쪽은 우리라고 생각하리라는 것도 알고 있습니다. 그리고 또 우리의 결정은 바뀌지 않을 거라는 점을 알려드립니다." 이렇듯 '그리고'를 쓰면 상대를 이해하고자 하는 노력을 보여주면서도 자신의 생각을 분명히 할 수 있다. 또 반대 의견을 내야 할 때도 '그리고'를 넣어 부드럽게 표현할 수 있다.

"나는 네가 똑똑하고 재능이 많다고 생각해. 그리고 나는 네가 충분히 노력하지는 않는다는 생각이 들어."

"네가 그동안 얼마나 고생했는지 알고 있고 나도 정말 마음이 아파. 그리고 이번 일에 대해서는 너에게 실망하기도 했어."

"내가 너의 힘든 상황을 모르고 있었다는 게 너무 속상하다. 그리고 나도 그 시기에 많은 문제를 겪고 있었어."

이렇게 상반된 이야기라 해도 그리고로 연결하면 모든 이야기를 효과적으로 전할 수 있다. 만약 여기서 '그리고' 대신 '하지만'을 사용했다면 앞에서 말했듯이 상대에게는 '하지만' 다음의 이야기만 들릴 것이다. 그럼에도 우리는 '하지만'을 사용해버리는 실수를 자주 한다.

"이거 가격이 너무 비싸네요."

"고객님, 하지만 이 제품은 최고급 사양에 품질도 다른 제품과 비교가 안 됩니다!"

이렇게 말하면 고객에게는 "고객님, 뭘 모르시네요. 이건 최고급 제품이라고요. 비싸다는 생각은 틀린 거예요!"라고 들린다. 자신의 생각이 반박당했다고 느꼈기 때문이다. 그때부터 고객은 그 직원의 말을 듣고 싶지 않을 것이다. 이럴 때는 '하지만' 대신 '맞습니다'라고 하면서 고객의 생각을 먼저 인정해야 한다. 그 후에 '그리고'를 붙여 이야기를 풀어나가면 고객과의 대화는 훨씬 순조로워질 것이다.

"맞습니다. 가격이 비싸다는 생각이 드시는 게 당연합니다. 그리고 가격이 높은 만큼 이 제품을 선택하시면 더 뛰어난 품질과 성능, 더 좋은 서비스를 경험하실 수 있답니다!"

그러면 고객은 앞의 경우와는 달리 무안함을 느끼지 않으면서 직원의 설명에 귀를 기울이려 할 것이다.

'그리고 대화법'은 다른 사람의 생각과 감정을 부정하지 않는다. 동시에 자신의 생각 또한 충분히 표현할 수 있는 대화법이다. 우리가 지금껏 써왔던 말투에는 습관처럼 '하지만'과 '그런데'가 붙어 있었다. 오랜 습관을 버리고 어색한 말투가 익숙해지기까지는 힘든 과정이 따를 것이다. 그래도 대화가 소모적인 말싸움으로 변하는 상황을 피하고 싶다면 '그리고'를 쓰자. '그리고'는 세상의 복잡성과 사람들의 다양한 인식을 인정하는 겸손과 존중의 단어다.

Check Point

[1] '하지만'은 상대의 생각을 부정하는 의미를 전달해 대화에서 반감을 불러일으킨다.

[2] '그리고'는 다른 사람의 생각과 감정을 인정하면서 내 생각을 충분히 표현하는 방법이다.

18___ 관계를 더 발전시키는 사과의 기술

"판매자와 구매자가 한 달에 1,000개씩 부품을 납품하는 계약을 맺었다. 그런데 세 번째 달에 납품한 부품이 990개밖에 되지 않았다. 구매자는 화가 나서 계약을 취소했고 이미 납품한 부품 대금도 지불하지 않겠다고 했다. 당신이 판매자라면 어떻게 하겠는가?"

어느 대학의 계약법 시간에 교수가 학생들에게 한 질문이다. 교수는 때로는 판매자도 구매자의 과도한 계약 파기 조건에 이의를 제기할 수 있어야 한다는 식의 새로운 의견을 기대했다. 그때 교수의 눈에 자신을 진지하게 바라보는 한 사람이 들어왔다. 학생이 데리고 온 어린아이였다. 아이가 손을 들자 교수는 "네가 판매자라면 어떻게 할 거야?"라고 물었다. 그러자 아이가 대답했다. "미안하다고 말할 거예요." 모두가 미처 생각하지 못한 정답이었다. 이렇게 우리는 단순해 보이지만 꼭 필요한 사과의 중요성을 자주 잊어버린다. 구매자는 판매자가 계약을 지키지 않은 것에 화가 났다. 판매자가 가장 먼저 해야 할 일은 부당함을 느낀 구매자의 감정을 인정해주는 것이다. 그리고 여기에 가장 적합한 방식이 사과다. 이 과정이 없다면 이후의 협상도 불가능하다.

하버드 로스쿨과 의대 교수인 다니엘 샤피로는 자신의 책 《불가능한 협상은 없다》에서 사과를 이렇게 정의했다. "사과는 반성의 표현이자 당신이 상대에게 상처를 준 행동을 철회할 수 있기를 간절히 바라며 화해를 위해서라면 자존심도 버릴 의사가 있다는 것을 전달하는 메시지이다." 그는 또한 진정한 사과야말로 관계를 회복하는 데 가장 강력한 도구라고 밝혔다.

그런데 우리는 사과가 너무 어렵다. 사과해야 한다는 걸 알면서도 피하거나 미루고 싶어서 핑계를 찾으려고 한다. 가장 큰 이유는 사과를 마치 상대에게 주도권을 내주는 것처럼 여기기 때문이다. 사과하면 관계에서 힘을 잃을지도 모른다는 생각에 자신의 실수를 외면하려고 한다. 하지만 사과의 부재는 분노와 갈등을 키우고, 진정한 사과는 용서와 새로운 관계로 개선될 가능성을 가져온다. 영국 노팅엄 대학교의 요하네스 아벨러Johaness Abeler 박사는 사과의 효과를 확인하는 실험을 했다. 금전적 보상과 사과 중 어느 것이 고객의 불만 처리에 더 효과적인지 살펴보는 내용이었다. 실험은 전자상거래 사이트 이베이에서 진행되었다.

먼저 이베이에 부정적 평가를 한 고객을 세 그룹으로 나눈 뒤 불만을 철회해 달라는 요청을 했다. 이때 세 그룹 중 두 그룹에는 불만을 철회해주면 각각 2.5유로와 5유로를 주겠다고 제시했다. 그리고 한 그룹에는 고객을 만족시키지 못해 죄송하다는 내용의 사과문을 보냈다. 실험 결과 사과를 받은 그룹의 49%가 불만을 철회했다. 이에 반해 금전 보상을 제시받은 고객은 23%만이 불만을 철회했다. 연구팀은 실험 결과에 다른 부분이 영향을 주지는 않았는지 확인하기 위해 다시 고객들을 비교 분석했다. 하지만 역시 모든 상황에서 사과가 돈보다 효과적이었다. 잘못이나 실수를 저지르지 않는 것이 가장 좋겠지만 이미 돌이킬 수 없는 상황이라면 잘못을 덮으려는 것보다 회복하려는 노력이 더욱 중요하다. 진심 어린 사과에는 사람의 마음을 움직이는 놀라운 힘이 담겨 있다.

사과가 항상 우리를 위기에서 구하고 해피엔딩을 가져오지는 않는다. 하지만 사과가 실패하는 경우를 살펴보면 대부분 그 이유는 잘못된 사과 방식 때문이다. 그저 자기변명에 불과한 말을 늘어놓는 것은 사과가 아니다. 자신의 의도나 생각, 감정에 대해 설명하려 드는 것은 잘못된 사과의 흔한 사례다.

"내가 그러려던 게 아니라…"

"그럴 줄 몰랐는데…"

"나는 좋은 뜻으로 한 건데…"

"네가 기분이 나빴다면 사과할게."

2010년 멕시코만에서 정유회사 브리티시 페트롤리엄BP이 운영하는 시추선이 폭발하는 사고가 일어났다. 미국 역사상 최악의 기름 유출 사태로 수많은 사람이 목숨을 잃었고 심각한 환경 파괴가 일어났다. 당시 BP의 CEO였던 토니 헤이워드Tony Hayward는 사고를 다른 회사 탓이라며 계속 변명하다가 한 달이 지나서야 공식적으로 사과하는 자리를 마련했다. 그런데 그의 사과는 분노로 활활 타오른 사람들에게 기름을 끼얹는 결과를 불러왔다.

"이번 사태로 막대한 피해를 끼치게 돼 유감스럽게 생각합니다. 나만큼 이번 사태가 마무리되기를 원하는 사람은 없을 겁니다. 내 삶을 돌려받고 싶습니다."

이것은 사과가 아니다. 자신의 결백함을 주장하는 데 초점을 맞춘 변명이자 불만에 불과하다. 토니 헤이워드는 끝내 자신의 잘못을 인정하지 않았다. 그의 말은 더 많은 사람들을 화나게 만들었고, 전 세계적인 조롱과 비난에 시달렸다. 결국 그는 몇 개월 뒤 BP의 CEO에서 물러났다.

중심을 잘못 세운 사과는 상대가 납득하지 못한다. 사과의 중심은 사과를 받는 쪽에 두어야 한다. 누구에게 사과해야 하는지, 그들이 사과에서 어떤 것을 원할지 잘 생각해봐야 한다. 그런데 토니 헤이워드처럼 사과의 중심을 자신에게 두는 사람이 많다. 가령 모르는 사람의 옷에 커피를 쏟았을 때 가장 신경 써야 할 부분은 보상이다. 하지만 아내의 생일을 잊고 지나갔을 때는 중심이 달라진다. 선물이라는 보상이 아니라 아내가 느꼈을 섭섭함에 공감해주는 것이 사과의 중심이 되어야 한다. 그런데 "깜빡했네. 지금이라도 선물 사주면 되잖아"라고 말하는 것은 올바른 사과가 아니다.

2013년 요가복 브랜드 룰루레몬의 요가 바지가 지나치게 비친다며 소비자들의 불만이 폭주했다. 이에 룰루레몬의 창업자 칩 윌슨Chip Wilson은 일부 뚱뚱한 여성들이 바지를 입었기 때문이라고 응답했다. 여론이 악화되자 그는 유튜브에 사과 영상을 올렸다. 하지만 사과 이전보다 더욱 큰 비난에 시달렸다. 사과할 대상을 완전히 잘못 선택했기 때문이다. 칩 윌슨은 사과 영상에서 이렇게 말했다. "신중하지 못한 저의 행동으로 룰루레몬의 직원들이 고통을 받아 안타깝게 생각합니다. 여러분께 이런 고통을 안겨줘 심히 유감스럽습니다." 그는 자신의 발언으로 상처받은 여성들이 아닌 자신의 직원들에게 사과했다. 사과가 도착해야 할 번지수가 틀렸다. 그리고 룰루레몬은 그동안 쌓아온 회사 이미지에 큰 타격을 입었다.

진실성 있는 사과를 하기 위해 반드시 지켜야 할 지침이 있다.

- 자신의 잘못을 솔직하게 인정하라.
- 피해를 끼친 사람에게 미안한 마음을 표현하라.
- 얼마나 반성하고 있는지를 알려라.
- 재발 방지를 약속하라.
- 보상을 제시하라.
- 되도록 빨리 사과하라.

2008년 캐나다 식품 가공업체 메이플 리프 푸드Maple Leaf Food의 사과는 이 지침을 모두 지킨 좋은 예다. 당시 이 회사의 육류제품을 먹고 리스테리아균에 감염된 20여 명의 사람들이 사망했다. 마이클 매케인Michael McCain 회장은 즉시 책임을 인정했다. "이번 사태는 전적으로 우리의 책임이며 우리가 개선해야 할 사안"이라며 변호사의 만류도 뿌리쳤다. 분명 향후 발생할 법적 다툼에서 불리할 수 있는데도 말이다. 또한 그는 피해자 가족과 소비자들에게 진심을 다해 사과하고 그들의 입장에서 이해하려 했다. 경영진은 자발적으로 공장을 폐쇄하고 리콜을 실시했다. 감염 사태와 직접 연관성이 확인되지 않은 제품도 리콜 대상에 포함했다. 매출 감소로 경영난이 심해지는 상황이었지만 식품안전 관련 부서에 투자를 아끼지 않았다. 재발 방지를 위한 혼신의 노력과 적극적으로 피해 보상에 나서며 잘못을 책임지려는 모습에 소비자들이 마음을 돌렸다. 메이플 리프 푸드는 빠르게 신뢰를 회복했고 이듬해에는 매출이 흑자로 돌아섰다. 언론은 올바른 사과와 책임을 보여준 매케인 회장을 '올해의 CEO'로 선정했다.

좋은 사과는 관계를 개선하고 약점을 강점으로 바꾸기도 한다. 반면 나쁜 사과는 아무것도 하지 않은 것만 못하다. 불편하다고 사과를 망설이지 말고 누구를 위해 사과해야 하는지, 무엇을 사과해야 하는지를 확인하고 정확한 사과를 건네자. 사과에는 깨진 관계를 회복하고 위기를 기회로 만드는 엄청난 힘이 숨어 있다.

Check Point

[1] 진정한 사과는 사람의 마음을 움직인다.

[2] 사과를 받는 사람에게 사과의 중심을 두어야 한다.

19___ 나의 감정도 옳고, 당신의 감정도 옳다

미국에는 세기의 재판이라 불리는 O. J. 심슨O.J. Simpson 사건이 있다. 이 사건은 1994년 유명 풋볼 선수였던 심슨(흑인)이 아내(백인)와 아내의 친구(백인)를 살해했다는 혐의를 받으며 시작된다. 치열한 공방 끝에 배심원단은 심슨에게 무죄 평결을 내렸고 사건은 마무리된다. 당시 검찰이 제시한 수많은 증거는 누가 봐도 심슨이 범인인 것처럼 보였다. 게다가 '살인 사건에 휘말린 슈퍼스타'의 재판은 전 세계의 관심거리였다. 심슨의 재판은 TV와 라디오로 생중계되었고, 언론과 수많은 사람들은 재판이 끝나지도 않았는데 이미 심슨이 범인인 것처럼 몰아갔다. 이런 상황에서 심슨의 변호인단은 어떻게 배심원을 설득하고 무죄를 이끌어냈을까?

당시 이 사건의 배심원단은 대다수가 흑인이었다. 변호인단은 사건의 수사관이 인종차별 발언을 한 인터뷰 녹음을 공개했다. 수사관은 '니거nigger'라는 흑인 비하 단어를 계속해서 사용했다. 그리고 흑인 관련 사건에서 증거를 꾸며 흑인을 범인으로 몰아가는 것은 정의 실현이라고도 말했다. 검찰이 핵심 증거로 제출한 장갑이 첫 수사 기록에는 없었던 점을 들어 일부러 범죄현장에 심은 것이냐고 질문했을 때도 묵비권을 행사했다. 지독한 인종차별주의자 수사관과 검찰이 증거를 조작했을 수도 있다는 의심이 배심원단을 움직이기 시작했다. 게다가 검찰이 심슨이 범행 당시 사용한 것이라며 현장에서 발견했다고 주장한 장갑은 심슨의 손이 제대로 들어가지 않을 정도로 작았다. 심슨이 법정에서 장갑을 껴 보이는 장면은 무죄 평결을 이끈 결정적 계기였다. 심슨 변호인단의 조니 코크란Johnnie Cochran은 최후변론에서 "맞지 않으면 무죄다If it doesn't fit, you must acquit"라고 발언했다. 수사관의 인종차별주의 성향과 증거 조작의 가능성을 다시 한번 법정에서 강하게 상기시킨 발언이다. 심슨의 변호인단은 결국 흑인이 대다수인 배심원들을 완벽히 설득하는 데 성공했다. 심슨의 재판 과정은 설득에서 감정이 얼마나 중요한 문제로 작용하는지 생각하게 만드는 매우 중요한 사례다. 물론 재판이 불러일으킨 엄청난 논란은 논외로 하고 말이다.

사람은 감정의 동물이기에 대화에서는 감정을 살피는 것이 무엇보다 중요하다고 했다. 이는 설득에서도 마찬가지다. 일반적으로 설득은 논리적인 과정이라고 생각한다. 하지만 감정이 무시된 대화에서 논리는 끼어들 틈이 없다. 상대가 감정 문제로 귀를 닫아버리면 아무리 확실한 논리를 내세워도 제대로 설득할 수 없다. 하버드 협상연구소의 로저 피셔는 설득에서는 사람과 문제를 분리하라고 조언한다. 이는 감정을 무시하고 이성적으로 논리에 집중하라는 뜻이 아니다. 오히려 이견이 생겨 문제 해결이 어려울 때도 상대의 감정을 문제와 분리해 보듬어야 한다는 의미다.

한 브로슈어 제작업체에서 일정이 매우 급한 주문을 받았다. 대표는 행여 일거리를 놓칠까 곧바로 일을 맡겠다고 했다. 그런데 디자이너가 휴가 중이라는 사실을 그만 깜빡하고 있었다. 대표는 다급하게 프리랜서 디자이너인 친구에게 전화를 걸었다.

대표	이번 주 안에 브로슈어를 납품하기로 했는데 디자이너가 휴가 중이야. 나 좀 도와줘. 이제 와서 못한다고 하면 앞으로 거래가 끊길 수도 있거든.
디자이너	나도 일이 밀려있긴 한데 급하다니 그럼 먼저 해줄게.

대표 모레 오전까지 꼭 좀 부탁해. 고마워!

이틀 뒤, 브로슈어 디자인을 받아 본 대표는 차트가 잘못된 것을 확인하고 전화를 걸었다.

대표 차트가 잘못 들어갔어. 이런 부분은 미리 정확히 확인을 했었어야지. 이게 얼마나 큰 실수인지 알잖아. 시간 없으니까 오늘 밤까지 다시 해서 보내줘.

디자이너 받은 자료 그대로 만든 거야. 내가 내용 교정을 보는 사람도 아닌데 다시 작업해줘야 할 의무가 없어.

대표 지금 그게 중요한 게 아니잖아. 이번 주 안에 납품 못 하면 우리는 이 회사랑 앞으로 절대 거래 못 해. 어린애도 아니고 프로가 왜 이래?

대표의 말에 디자이너는 더 크게 화를 내며 수정을 거절했다. 다급해진 대표는 차분히 마음을 가다듬고 디자이너가 느꼈을 감정에 대해 생각해보았다. 그리고 이렇게 말했다.

대표 내 부주의로 번거롭고 힘들게 해서 미안해. 네가 바쁜

데도 내 부탁 때문에 이 일을 먼저 해준 것도 진심으로 고맙게 생각해. 어쨌든 우리가 이 일은 마무리 지어야 하지 않겠어? 나는 네 실력을 믿으니까 다시 한 번만 수정해서 완벽하게 만들어주면 우리 모두에게 좋은 경력이 될 거야.

이 말을 듣고서 디자이너는 다시 작업해 보내겠다고 대답했다. 디자이너는 친구인 대표의 수정 지시가 강압적으로 느껴져 자존심이 상했다. 하지만 대표가 태도를 바꿔 디자이너에 대한 존중과 인정을 보여주자 그도 마음을 바꿨다.

이렇듯 상대의 감정에 대한 존중은 소통에서 가장 중요한 부분이다. 하버드 협상연구소의 윌리엄 유리는 《혼자 이기지 마라》에서 상대를 설득하고 싶다면 우선 상대에게 동의해줄 기회를 가능한 많이 찾으라고 말한다. 아주 작은 부분이라도 내가 동의를 표현하면 상대는 자신의 감정을 이해받고 있다고 느낀다는 것이다. 이는 서로의 의견 차이가 큰 상황일지라도 매우 효과적이다.

벤저민 프랭클린Benjamin Franklin은 설득에 앞서 상대에 대한 동의가 매우 중요하다는 사실을 잘 알고 있는 정치가였다. 1787년 미국 필라델피아에서 헌법을 제정하기 위한 회의가 열렸을 때다. 찬성파와 반대파가 끊임없이 논쟁을 벌였다. 날카로운 말들이 오가면서 논쟁은 점점 격해졌고 회의장 분위기는 잔뜩 얼어붙었다. 하지만 프랭클린은 변호사를 통해 전한 연설로 반대파를 설득했고 헌법은 순조롭게 통과되었다. 프랭클린이 회의장에 전한 말은 무엇일까.

"제가 지금 이 헌법에 전적으로 찬성하는 것은 아닙니다." 프랭클린의 연설은 의외의 문장으로 시작했다. 찬성파인 프랭클린이 헌법에 완전히 찬성하지는 않는다니. 반대파는 어안이 벙벙했다. 프랭클린은 이 헌법이 완벽하게 최선이라는 확신은 없다고 말했다. 그렇다고 이것이 최선이 아니라는 확신도 할 수 없다는 것이다. 반대파가 걱정하는 것처럼 자신도 잘못된 점에 대해 비판적인 생각을 가졌다고도 했다. 그러나 회의장에서 만장일치가 이루어지지 않는다면 헌법은 힘을 발휘하기 어려울 것이라고 힘주어 말했다. 국민이 정부에 대한 믿음을 가질 수 없을 것이라며 말이다. 그리고 그것이 자신이 이 헌법에 찬성하는 이유라고 밝혔다.

프랭클린의 연설이 끝난 후 반대파는 다시 냉정하게 생각하기 시작했다. 그리고 최종적으로 의견을 모아 헌법을 통과시켰다. 프랭클린이 자신과 같은 고민을 했다고 밝히자 반대파도 마음을 열고 헌법의 진정한 의미를 되돌아보게 된 것이다. 이런 경우 프랭클린과 같은 방법으로 설득하는 사람은 매우 드물다. "제 말이 맞아요.

믿어보세요!"라든가 "여러분이 걱정하는 그런 일은 절대 안 생깁니다!"라고 소리 높인다. 이렇게 강경하게 말해야 상대에게 확신을 줄 수 있다고 믿기 때문이다. 하지만 이런 방식은 오히려 상대의 생각과 감정을 정면으로 부정하는 것과 같다.

설득 경험이 많은 고수들은 "저도 그렇게 생각합니다", "어떤 마음인지 이해가 갑니다"와 같은 말을 많이 한다. 상대가 감정을 통제하지 못해 거친 말을 쏟아낼 때도 마찬가지다. 그럴 때일수록 예상과 다른 반응은 상대를 무장 해제시켜버린다. 상대에게 동의하는 말이 꼭 논점과 관련한 것일 필요는 없다. 사소하거나 농담처럼 가볍게 스치듯 건네는 동의도 굳게 닫힌 상대의 마음에 노크를 하는 것과 같다. 상대에 대한 동의는 내 마음을 숨기거나 속이는 것이 아니며 상대의 감정에 대한 존중이라는 것을 잊지 말자. 이것이 바로 설득을 위한 첫 번째 전제조건이다.

Check Point

[1] 논리를 앞세우기 전에 감정에 대한 존중이 먼저다.

[2] 상대에게 최선을 다해 동의하는 것이 설득의 핵심 기술이다.

20___ 설득할 때는 '왜냐하면'을 사용해라, 왜냐하면…

'당신은 소중하니까요Because you're worth it.'

언젠가 로레알의 이 광고에 이끌려 화장품을 산 적 있다. 나는 이 슬로건이야말로 로레알의 신의 한수라고 생각한다. 만일 로레알이 '로레알을 선택하세요'나 '화장품은 로레알입니다' 같은 슬로건을 내세웠어도 이렇게 많은 사랑을 받는 세계적인 기업이 되었을까? 분명 원래의 슬로건만큼 커다란 효과는 얻지 못했을 것이다. 로레알의 슬로건을 풀어 쓰면 '로레알을 써야 해요. 왜냐하면 당신은 소중하니까요'이다. 그런데 우리가 광고에서 만나는 슬로건은 '왜냐하면' 뒤에 나오는 이유를 강조하려고 앞부분을 과감히 생략

해버린 것이다. 막상 고객을 설득하려는 내용은 앞부분에 있는데 말이다. 사실 이는 세계 1위 화장품 기업의 치밀한 설득 전략이다.

하버드 대학교 심리학과 교수 엘렌 랭어Ellen Langer는 설득하고 싶다면 '왜냐하면'을 사용하라고 강조한다. 왜냐하면 그녀가 연구를 통해 놀라운 설득력을 확인했기 때문이다. 그녀의 연구팀은 복사기 앞에서 차례를 기다리는 사람들을 상대로 실험을 진행했다. 앞에 줄을 선 사람에게 자신이 먼저 복사를 하게 해달라고 부탁하는 것이다. 이때 부탁하는 말을 세 가지로 나눠 실험 결과를 살펴보았다.

① 죄송하지만, 다섯 장만 복사하려고 하는데요. 제가 복사기를 먼저 사용해도 될까요?
② 죄송하지만, 제가 다섯 장만 복사하면 되는데요. 먼저 복사기를 사용해도 될까요? 왜냐하면 제가 지금 상황이 조금 급해서요.
③ 죄송하지만, 제가 이거 다섯 장만 복사하면 되는데요. 먼저 복사기를 사용해도 될까요? 왜냐하면 제가 복사를 해야 하거든요.

실험 결과 직설적으로 부탁을 한 ①의 경우 실험 참가자의 60%가 부탁을 들어주었다. 그리고 '왜냐하면'을 사용해 이유를 설명한 ②는 무려 94%가 양보해주었다. 더 흥미로운 결과는 ③의 실험이다. "아니, 지금 말장난하세요?"라는 반응이 나올 것 같은 무의미한 이유를 붙인 부탁에도 93%나 양보해준 것이다.

엘렌 랭어의 실험은 어떤 것이든 상대에게 이유를 설명하는 것만으로도 설득에 힘이 실린다는 사실을 알려준다. 이때 나의 이유를 알려주는 단어가 '왜냐하면'이다. 우리는 이 단어를 들으면 상대에게 너그러워진다. 인간의 두 가지 특성 때문이다. 첫 번째는 '휴리스틱heuristics'을 사용한다는 것이다. 우리는 살면서 수많은 의사결정을 한다. 그런데 매 순간 모든 정보를 활용해 상황을 파악하고 결정할 수는 없다. 그러기엔 이미 우리의 뇌가 너무 많은 일을 하고 있다. 그래서 인간의 뇌는 가급적 에너지를 절약하기 위해 직관적으로 판단하거나 어림짐작하는 방법을 사용한다. 이 기술이 바로 휴리스틱이다. 굳이 합리적이고 체계적인 판단이 필요하지 않을 때 우리는 휴리스틱을 사용한다.

휴리스틱은 우리가 '왜냐하면'이라는 단어를 들었을 때도 발동한다. 과거의 경험에 비춰볼 때 이 단어 뒤에는 대부분 좋은 이유가 따라왔기 때문이다. '왜냐하면'을 듣는 동시에 '그럴 만한 이유가 있겠지'라고 서둘러 판단해버리고 마는 것이다. 뒤에 오는 이유는 제대로 듣지도 않고서 말이다. 그래서 5장을 먼저 복사하고 싶다는 사소한 상황에서는 과거 경험에 의존해 휴리스틱을 꺼내 빠른 결정을 내린 것이다. 이처럼 거의 반사적으로 반응하게 만드는 '왜냐하면'의 힘은 생각보다 굉장하다.

하버드 비즈니스 스쿨의 디팩 맬호트라Deepak Malhotra와 맥스 베이저만Max Bazerman 교수는 함께 쓴 책《협상 천재》에서 다음과 같이 말했다. "인간은 본래 다른 사람들의 합당한(혹은 합당해 보이는) 요구는 받아들이려는 속성을 갖고 있다." 이것이 우리가 '왜냐하면'을 들었을 때 상대에게 관대해지게 되는 인간의 두 번째 특성이다. 특히 복사 5장 같은 작은 부탁이라면 이유의 형식만 갖춰도 상대는 쉽게 받아들인다.

그렇다고 해서 '왜냐하면'을 사용한 모든 설득이 성공하는 것은 아니다. 앞서 이야기한 ③의 실험 결과는 휴리스틱이 작동할 만큼 대수롭지 않은 일이었기에 가능한 일이다. 엘렌 랭어는 ③과 같은 상황에서 복사 5장이 아닌 20장을 부탁하는 실험도 진행했다. 하지만 이 실험에서는 '왜냐하면'의 효과가 나타나지 않았다. 휴리스틱이 아니라 보다 체계적이고 합리적인 판단이 필요한 문제였기 때문이다.

방송에서 인터뷰를 진행하다 보면 출연자에게 이런저런 부탁을 해야 할 때가 많다. 출연자가 인터뷰 경험이 별로 없거나 방송이 익숙지 않은 경우가 꽤 있기 때문이다. 그래서 방송에는 적합하지 않은 톤으로 말을 하거나 너무 긴 답변을 하기도 한다. 그렇다고 해서 "지금 답변한 목소리 톤이 방송에 적합하지 않습니다"라고 말할 수는 없다. 출연자에게 무례하게 들릴 수 있어서다. 이럴 때 나는 언제나 '왜냐하면'을 붙여 이유를 설명한다.

나　　선생님, 답변해주실 때 목소리 톤은 저와 어느 정도 맞춰 주시는 게 좋습니다. 왜냐하면 방송에서 시청자들의 귀에 선생님의 목소리가 제 목소리보다 작게 들리거든요. 오늘의 주인공이신데 선생님 목소리가 더 돋보여야 하잖아요.

출연자　아, 그렇군요. (목소리 톤을 바꿔보며) 그럼 이 정도로 하면 될까요?

나　　네, 좋습니다. 그리고 답변은 길게 하시는 것보다 짧게 해 주시는 게 더 좋습니다. 왜냐하면 답변이 길어지면 시청자들의 집중력이 떨어지거든요. 제가 후속 질문을 계속 드릴 거니까 답변 내용이 빠질 걱정은 안 하셔도 됩니다.

이렇게 이유를 붙여 부탁하면 출연자도 무안해하지 않고 흔쾌히 나의 요구를 받아들인다. 상대에게 분명한 이유를 밝히는 것은 설득이나 부탁에 대한 판단에 도움을 준다. 상대가 판단을 위한 정보를 찾고 생각하는 과정의 수고를 덜어주기 때문이다. 그래서 상대는 보다 쉽게 수락하고 불쾌한 감정을 느낄 가능성도 줄어든다.

그러면 반대의 상황도 생각해보자. 누군가 내게 '왜냐하면'을 붙여가며 부탁을 해왔다. 그런데 나는 그 부탁을 들어줄 수 없는 상황일 때 어떻게 해야 할까? 거절을 두려워할 필요는 없다. 거절은 적을 만드는 말하기가 아니라 나 자신을 이해시키는 말하기다. 거절할 때도 '왜냐하면'과 이유를 덧붙여 말하면 된다. 이는 부탁할 때 '왜냐하면'을 사용하는 것과 같은 원리이며 같은 효과가 있다. '왜냐하면'을 이용한 부탁과 거절 과정을 살펴보자.

부탁 월요일 오전까지 기획안을 제출해주시기 바랍니다. 왜냐하면 월요일 오후에 간부회의에서 기획안 발표를 해야 하거든요.

거절 월요일 오전까지 기획안 제출은 무리입니다. 왜냐하면 주말을 전부 할애해도 시간이 이틀밖에 없기 때문입니다. 대신 몇 가지 기획 아이디어만 우선 제출하면 안 될까요?

부탁 이번 주말 당직을 나랑 바꿔서 대신해주면 안 될까? 왜냐하면 주말에 할머니 생신이라 가족 모임이 있거든.

거절 미안하지만 그건 좀 어려울 것 같아. 왜냐하면 나도 주말에 중요한 약속이 있거든. 이번에는 다른 사람에게 부탁해봐.

부탁 숙제를 오늘 안에 끝내도록 해. 왜냐하면 내일은 스케이트를 타러 갈 거라 숙제할 시간이 없을 테니까.

거절 엄마, 오늘은 숙제를 못 하겠어요. 왜냐하면 지금 너무 피곤하거든요. 오늘 일찍 자고 내일 스케이트장 가기 전에 숙제할게요.

사람들은 대화를 할 때 이유를 자주 생략하곤 한다. 상대가 이유를 알고 있으려니 대강 추측해 버리기도 하고 그저 귀찮다는 핑계를 대기도 한다. 하지만 갈등은 이렇게 '왜냐하면'을 소홀히 여길 때 생기기 시작한다. 모든 사람들이 제각기 다른 인식을 갖고 있다는 사실을 간과했기 때문이다. 그래서 설득을 할 때는 '왜냐하면'을 꼭 기억해야 한다. 왜냐하면 분명한 이유를 대는 것은 강력한 설득의 기술이자 상대에 대한 배려이기 때문이다.

Check Point

[1] 상대에게 이유를 알려주는 것만으로도 설득에 힘이 실린다.

[2] '왜냐하면'은 설득의 언어인 동시에 배려의 언어다.

21___ 작게 시작해 크게 얻어내는 대화

배우 이정재는 어느 날 친분이 있는 한 영화감독으로부터 연락을 받았다. 곧 〈신과 함께-죄와 벌〉이라는 영화 제작에 들어가는데 잠시 우정 출연을 해줄 수 있느냐는 부탁이었다. 별로 부담될 것 없는 작은 역할이기에 흔쾌히 그러겠다고 답했다. 이틀 뒤 감독은 또다시 이정재에게 전화를 걸었다. 염라대왕 역할을 맡아달라는 제안이었다. 아직 시나리오를 받지 않은 상태라 무슨 역할인지 몰랐지만 큰 고민 없이 또 수락했다. 얼마 후 이정재는 염라대왕 역할을 위한 의상과 특수 분장을 테스트하러 나오라는 요청을 받았다. 그제야 그는 자신의 생각과는 상황이 다르다는 사실을 눈치

챘다. 테스트 작업만 3일이 넘게 걸렸기 때문이다. '도대체 이게 무슨 역할이지?'라는 생각을 하며 그는 시나리오를 받아 읽어 보았다. 그런데 염라대왕은 무려 속편에까지 등장하는 비중 있는 역할이었다. 그는 결국 제작보고회 등의 영화 홍보 활동에도 투입됐다. 어느 영화 인터뷰에서 캐스팅 뒷이야기를 밝힌 그는 웃으며 이렇게 말했다. "현장에 30회를 나갔어요. 우정 출연을!"

영화를 제작한 김용화 감독은 이정재의 캐스팅에 '단계적 요청 기법'을 활용했다. 이는 1966년 심리학자 조너선 프리드먼Jonathan Freedman과 스콧 프레이저Scott Fraser가 진행한 연구에서 등장하는 심리 기법이다. 상대에게 먼저 받아들이기 쉬운 요구를 한 뒤 점차 더 큰 요구를 제안하는 것으로 '문전 걸치기 전략foot in the door technique'이라고도 불린다. 주로 협상이나 영업, 마케팅 분야에서 자주 활용되는 설득의 기본 기술 중 하나다.

그림 같은 집들이 모여 있는 어느 부유한 동네에 안전 운전 캠페인에 동참해달라는 사람이 나타났다. 그는 집집마다 방문해서 앞마당에 '안전 운전'이라고 적힌 표지판을 세워도 되는지 물었다. 그 표지판은 가로 2미터짜리로 땅을 파고 기둥을 세우는 일은 자신이 할 거라는 말도 덧붙였다. 이 이야기는 조너선 프리드먼과 스콧 프레이저가 한 지역에서 실제로 진행한 실험이다. 아름답게 가꾼 정원 앞마당에 거대한 표지판이라니. 예상대로 이 실험에서 17%의 주민만이 이 부탁을 들어주었다. 그런데 다른 동네에서 방식을 조금 달리하자 확연히 다른 결과가 만들어졌다. 이 그룹의 주민들에게는 2주 전 미리 방문해 이렇게 물었다. "창문 앞에 '안전 운전자가 되어주세요'라고 적힌 작고 눈에 별로 안 띄는 표지판을 세워도 될까요?" 큰 부담 없는 부탁에 대부분의 주민들이 이를 허락했다. 그리고 2주 후 다른 사람이 같은 주민들에게 2미터짜리 표지판을 앞마당에 세워도 되냐고 물었다. 그러자 무려 76%의 주민이 부탁을 들어주었다.

단지 좀 더 작은 부탁을 미리 한 것뿐인데 어떻게 이런 결과의 차이가 나타난 걸까? 여기에는 자신이 말한 것을 지키고 유지하려는 심리인 '일관성의 원칙'이 작용했다. 사람은 언제나 일관적인 입장을 가지고 행동하는 사람이 되고 싶어 한다. 아무리 옳은 말을 하더라도 입장을 자꾸 바꾸는 사람은 신뢰하기 힘들다고 여기기 때문이다. 이는 정신분석가 도널드 위니캇Donald Winnicott의 '거짓 자기false self' 이론으로도 설명할 수 있다. 이론에 따르면 '거짓 자기'는 인간이 사회생활에서 자신을 보호하기 위해 다른 사람의 기대에 부응하려 할 때 나타난다. 이것은 부정적인 의미보다는 일종의 방어기제라 할 수 있다. 인간은 누구나 어느 정도의 '거짓 자기'가 있기에 처음에 작은 부탁을 받아들였다가 그 뒤에 부담스러운 부탁을 받으면 고민을 하게 된다. 하지만 결국 다른 사람들에게 자신의 이랬다저랬다 하는 모습을 보이기 싫어 승낙하는 것이다.

나 역시 이런 경험이 있다. 예전에 어느 행사의 사회를 부탁하는 전화를 받았다.

"아나운서님 과기정통부 주최의 행사입니다. ○월 ○일 일정 가능하시면 행사 사회를 부탁드립니다."

"네, 가능합니다. 연락 주셔서 고맙습니다."

"그런데 장소가 ○○호텔입니다. 댁에서 거리가 좀 멀지요?"

"아, 네, 1시간 30분 정도 걸리는 거리인데 뭐 괜찮습니다."

"그리고 행사가 아침 7시에 시작합니다. 6시까지 대기 부탁드릴게요. 가능하신가요?"

"아…… 네… 알겠습니다."

행사장에서 새벽 6시까지 대기하려면 새벽 4시에 출발해야 하는 계산이 나왔다. 그러면 나는 새벽 2시부터 메이크업 등 행사 준비를 해야 한다. 순간 당황스러웠다. 그렇게 이른 시간에 시작할 줄 모르고 승낙한 건데 그럼에도 말을 바꿀 수 없었다. "다시 생각해 봐야겠는데요"라고 하려니 내가 약속을 쉽게 바꾸는 사람처럼 보일 것 같았기 때문이다. 처음부터 주최 측에서 아침 7시에 시작하는 행사라고 말했다면 나는 거절했을 확률이 높다. 주최 측에서도 이 점을 미리 예상했을 것이다. 그들은 '단계적 요청 기법'을 잘 활용했고 내가 거절할 가능성을 쉽게 물리쳤다.

하버드 협상연구소의 윌리엄 유리는 상대를 설득하려면 '예스'를 차곡차곡 쌓아 나가라고 말했다. 예스라는 동의가 쌓일수록 최종 제안을 했을 때 승낙을 받아내기 쉬워진다는 것이다. 이 또한 일관성을 지키고 싶어 하는 인간의 심리를 공략한 방식으로 단계적 요청 기법과 같은 맥락이라 할 수 있다. 윌리엄 유리는 상대가 내 의견에 적대적일 때조차 '네'라는 대답을 끌어내는 것이 중요하다고 강조했다. 만일 상대로부터 "당신의 제안은 현실적으로 불가능합니다"라는 말을 들었다고 하자. 그러면 "저의 제안이 어떻게 2년 안에 실현 가능한지 이해가 안 된다는 말씀이시죠?"라고 되묻는 것이다. 여기에 상대가 "네"라고 대답한다면 다음 설득 단계는 쉬워진다. 어찌 됐든 내 이야기에 동의했으니 이제부터는 일관된 태도를 유지하려는 심리가 작동하기 때문이다. 이는 우리가 쇼핑할 때 자주 겪는 상황이기도 하다. 가령 노트북을 사기 위해 전자제품 매장에 간다면 직원은 이렇게 제품을 권할 것이다.

"고객님, 가벼우면서도 속도가 빠른 제품이 좋으시죠?"

"네."

"그러면서도 가격은 합리적인 걸 찾으시는 거죠?"

"네."

"태블릿 모드도 갖추고 있으면 쓰실 때 더 편리하겠죠?"

"네, 그럼 더 좋죠."

"그렇다면 고객님께는 이 제품이 최고입니다. 어떠세요?"

"네, 괜찮네요."

직원의 입장이라면 이렇게 '네'를 유도함으로써 고객의 구매를 보다 쉽게 끌어낼 수 있다. 반대로 고객의 입장이라면 이런 상황에서 직원의 유도에 휩쓸리지 않고 의도를 꿰뚫어 볼 수 있다. 판단의 중심을 지키며 직원에게 '네'라는 대답을 이끌어내면 원하는 조건으로 제품을 구입할 수 있다. 예를 들어 "이 매장은 최고의 서비스를 지향하는 곳이니까 최저가 보장도 물론 해주시겠죠?"라고 말이다. 혹시라도 대화 도중 '아니요'라는 대답을 듣더라도 당황할 필요는 없다. "의외네요. 이유를 알 수 있을까요?"라고 되물은 뒤 그에 맞춰 다시 '네'를 이끌어내면 된다.

단번에 다른 사람을 완벽히 설득하는 일은 누구에게나 어려운 일이다. 그보다는 작은 부탁으로 시작하면 설득할 확률이 커진다. 자신의 일관성을 지키고 싶은 마음이 계속해서 우리의 부탁을 들어주고 싶은 마음으로 발전하기 때문이다. 원하는 것이 있다면 한

꺼번에 많은 요구를 하는 실수를 저지르지 말고 천천히 작은 '예스'를 얻어내는 것부터 시작해보자.

Check Point

[1] 하나의 큰 부탁보다 여러 개의 작은 부탁이 승낙받기 쉽다.
[2] 일관성을 지키고 싶어 하는 심리를 기억하며 '예스'를 쌓아나가자.

22 ‘우리’라는 이름이 주는 끈끈한 연대감

“약 아직 안 드셨네. … 이제 어머니 인생 사세요. 저도 와이프 바람나서 이혼했어요. 남들 보기도 창피하고 인생 왜 이렇게 꼬이나 죽겠더라고요. 그런데 어느 날 갑자기 시간이 아까웠어요. 걔 때문에 내 인생 이렇게 보내는 게 시간이 너무 아깝더라고요. 그동안 얼마나 아프고 힘드셨어요. 어떻게 다시 찾은 건강인데 남편이 아니라 본인을 위해서 약 드시고 악착같이 건강 회복하세요. 어머니 인생이잖아요.”

드라마 〈슬기로운 의사생활〉에서 의사인 조정석이 환자와 대화를 나누던 장면이다. 어렵게 간 이식을 받았지만 외도한 남편에 대한 미움으로 치료 의지조차 놓아버린 환자였다. 무기력에 빠져 약도 잘 먹지 않는 환자를 보며 그는 이렇게 말했다. 환자를 설득하기 위해 그녀와 같은 아픔을 겪었다는 쉽지 않은 고백을 꺼낸 것이다. 담당 의사의 이야기가 끝나자 그녀는 눈물을 닦으며 약을 삼켰다. 이렇듯 같은 처지라는 사실을 알려 동류의식을 형성하면 상대는 쉽게 마음을 연다.

세계적인 사회심리학자 로버트 치알디니Robert Cialdini는 이 같은 설득 기법을 '유니폼 전략'이라 칭했다. 그는 영국의 심리학자 마크 레빈Mark Levine의 실험을 예로 들어 이를 설명했다. 이 실험은 맨체스터 유나이티드 축구팀을 응원하는 사람들을 대상으로 시행했다. 연구팀은 그들이 이동하는 길에 사람을 투입해 일부러 넘어지라고 지시했다. 이 실험은 평범한 티셔츠를 입은 사람, 맨체스터 유나이티드 유니폼을 입은 사람, 경쟁 팀의 유니폼을 입은 사람으로 나눠 여러 차례 진행했다. 실험 결과 평범한 티셔츠를 입은 사람이 넘어졌을 때는 참가자의 3분의 1만이 그를 도왔다. 그에 반해 맨체스터 유나이티드 유니폼을 입고 넘어진 사람을 도운 참가자는 압도적으로 많았다. 그리고 예상대로 경쟁 팀 유니폼을 입은 사람을 도와준 참가자가 가장 적었다. 이 실험을 통해 사람들은 자신과 같은 집단의 구성원을 더 적극적으로 돕는다는 사실을 알 수 있다.

심리학자인 팀 엠스윌러Tim Emswiller도 1970년대에 이와 비슷한 실험을 했다. 그의 연구팀은 대학 캠퍼스에서 우연히 만난 대학생들을 상대로 실험을 진행했다. 그들은 전화를 해야 하는데 동전이 없다는 말로 접근해 10센트를 빌려달라고 부탁했다. 이때 연구팀은 히피 복장이나 정장 등 각기 다른 스타일의 옷을 입었다. 실험 결과 대학생들은 자신과 비슷한 복장을 한 사람의 부탁을 더 쉽게 들어주었다. 비슷한 차림을 한 사람이 부탁을 했을 때는 3분의 2가 동전을 건네주었다. 하지만 다른 차림새의 사람에게는 이전 경우의 절반만이 돈을 빌려주었다. 그만큼 라포 형성이 어떤 결정을 내리는 데 큰 역할을 하는 것이다.

위 실험들처럼 설득에서도 상대와 비슷한 점을 보여 주는 것은 매우 중요한 과정이다. 그리고 공통점으로 엮인 여러 관계 중에서도 특히 '내 사람'이라 여기는 연대 관계일 때 상대에게 더 관대해진다. 물론 자신과 비슷한 사람에게서도 호감을 느끼긴 하지만 내 사람에 비하면 상대적으로 낮다. 나와 비슷한 일을 하는 직장 동료와 나의 형제자매에게 동시에 같은 도움을 부탁받았다면 누구를 먼저 도울까? 답은 생각할 필요도 없이 분명하다.

친구와 점심 약속이 있었던 날, 새로 산 친구의 자동차에 대해 이야기했다.

"새 차 멋지다! 근데 B사 자동차를 살 거라고 하지 않았어?"

"응, 그랬는데 구경이나 할까 하고 A사 전시장에 갔다가 바로 계약까지 하고 나왔어."

"다른 곳과 비교도 안 할 만큼 특별한 혜택이라도 있었던 거야?"

"그런 건 아니고 차를 구경하면서 딜러랑 얘기하다 보니 글쎄, 딜러가 우리 교회 사람이더라고!"

우리는 이와 비슷한 상황을 자주 목격하고 경험한다. 이렇듯 같은 배경과 계통에 있다는 연대감을 형성하면 상대를 설득하는 데 효과적이다. 로버트 치알디니는 자신의 책 《초전 설득》에서 연대감의 중요성을 강조했다. 연대감이란 동류의식이 생긴 사람과 연결되어 있다고 느끼는 감정이다. 그리고 이는 상대가 인종, 국적, 가족, 정치관, 종교 등 자신과 같은 집단에 속한다고 여길 때 생긴다.

연대감을 느낀다는 것은 정체성을 공유한다는 의미다. 따라서 연대감으로 묶인 사람들은 서로를 하나라고 여긴다. 즉 '우리'를 '확장된 나'로 인식하며 서로의 행동에 영향을 주고받는다. 연대감으로 묶인 관계에서는 상대의 위상이 나의 자존감과도 연결된다. 마치 우리나라 사람이 세계 무대에서 큰 성과를 거둘 때 온 국민이 함께 기뻐하는 것처럼 말이다. 이런 이유로 나와 상대가 우리로 묶이는 연대감이 생길 때 상대가 내 부탁을 받아들일 가능성 또한 높아진다.

하버드 의과대학과 사회학과 교수인 니컬러스 크리스태키스Nicholas Christakis도 같은 맥락에서 네트워크의 중요성을 이야기했다. 그는 사람들이 늘 자신의 소셜 네트워크를 의도적으로 만들어낸다고 했다. 이를 통해 비슷한 성향을 가진 사람들끼리 모이는 일종의 호모필리homophily(동종 선호) 현상을 보인다는 것이다. 동창회, 동호회, 학회 등의 모임이 이에 해당하며 SNS의 친구 목록도 일종의 호모필리라고 할 수 있다. 이들은 연대감을 중심으로 네트워크를 이루어나가며 서로를 돕는다는 암묵적인 약속을 한 상태다.

문제는 상대가 나와 같은 집단에 속하지 않았을 때다. 그럴 때는 상대가 동류의식을 느낄 방법을 찾은 뒤 설득을 시작해야 한다. 첫 번째 방법은 상대와 나를 하나로 묶어줄 공동 목표를 만드는 것이다. 예컨대 상대와 함께 환경 캠페인을 하고 싶다면 두 사람이 이뤄야 할 공동 목표를 보여주며 연대감을 쌓는 것이다.

"우리는 아이들에게 깨끗한 환경을 물려주기를 원합니다. 플라스틱으로 병든 지구에서 우리 아이들이 살게 할 수는 없습니다."

두 번째 방법은 내가 하려는 일에 상대가 참여하도록 유도하는 것이다. 회사에서 새로운 프로젝트를 진행하고 싶다면 혼자서 모든 계획을 세워 일을 진행하려 하지 말자. 큰 틀만 세운 다음 동료나 선배에게 역할을 부탁하면 더 좋은 결과를 기대할 수 있다.

"선배님, 제게 새 프로젝트에 대한 아이디어가 있는데 선배님의 풍부한 경험이 필요합니다. 도와주신다면 성공적으로 진행할 수 있을 것 같아요."

이런 식으로 상대를 동참시키면 나와 상대는 한배를 탔다는 연대감을 갖게 된다. 이때부터는 어려운 상황에 처해도 상대가 주인의식을 갖고 나를 적극적으로 돕는다.

세 번째 방법은 가장 강력한 연대감의 관계인 가족의 개념을 떠올리게 하는 것이다. '가족 프레임'을 활용하면 비록 혈연관계는 아니더라도 설득에서 큰 신뢰를 얻을 수 있다. 투자의 귀재 워런 버핏Warren Buffett도 가족 프레임을 이용해 탁월한 설득 전략을 보여준 적이 있다. 그가 세운 투자회사 버크셔 해서웨이Berkshire Hathaway는 2015년 창립 50주년을 맞이했지만 미래가 불투명하다는 비판에 골머리를 앓고 있었다. 결국 버핏은 버크셔 해서웨이의 현 주주들과 잠재적 주주들 앞에 나서서 투자에 대한 확신을 주기로 했다.

"오늘 제 가족들이 버크셔의 미래에 대해 묻는다면 해줄 답변을 여러분에게도 해드리려고 합니다."

버핏은 주주들에게 전하는 편지에서 이렇게 말했다. 그러고는 버크셔의 재정 건전성에 대한 증명을 이어나갔다. 그의 편지를 읽은 주주들은 결국 버크셔의 주식을 매도하려 했던 생각을 거뒀다. 이런 가족 프레임은 광고에서도 자주 쓰인다. "엄마의 마음으로 만들었습니다"라는 카피가 대표적인 사례다.

인간은 자신과 공통점이 있는 상대에게 호감을 갖는다. 그리고 호감이 있는 사람을 더 신뢰하며 그들의 부탁도 쉽게 승낙한다. 더 나아가 공통점이 있는 '나와 비슷한 사람'보다 '내 사람'을 더 많이 믿는다. 다시 말해 우리는 같은 처지라는 유사성에 마음을 열지만 한 덩어리로 서로 연결되어 있음을 느끼는 연대감은 유사성보다 훨씬 강력한 설득력을 발휘한다. 연대감은 상대의 관심을 얻고 서로 공감했을 때 생겨난다. 진정한 설득을 위해 상대와의 연결 고리를 하나씩 만들어나가자.

Check Point

[1] 우리는 같은 처지에 있는 '유사성'을 가진 사람에게 마음을 연다.
[2] 나와 상대가 '우리'로 묶이는 연대감은 유사성보다 더욱 강한 설득력을 발휘한다.

5부

다시, 말하기를 배우다

23___ 상대의 성격은 내가 만들어준다

딸아이가 내게 "엄마 좋아!"라고 말해줄 때도 행복하지만 이보다 더 크게 감동할 때가 있다. "엄마는 정말 멋진 사람이야." "엄마는 좋은 엄마야." 이런 말을 해줄 때다. 이런 말을 들으면 날아갈 듯이 기쁜 것은 당연하고 아이에게 무척 고마운 마음마저 든다. 그리고 앞으로도 딸에게 더 좋은 모습만 보여야겠다는 다짐도 하게 된다. 피곤함에 지쳐 무기력하게 있다가도 의욕이 불끈 솟아나곤 한다.

"자네는 항상 일을 꼼꼼하게 잘 처리하는 사람이라 든든해."

"당신은 결단이 빠르고 추진력이 확실한 사람이야."

"자네는 얼굴에 자신감이 보이는 사람이라 좋아."

부하들을 잘 이끌기로 유명했던 영국의 총리 윈스턴 처칠Winston Churchill은 사람들에게 이렇게 말했다고 한다. 상대에게 기대하는 바가 있을 때 상대가 원래 그런 성향이 있는 사람인 것처럼 말한 것이다. 그는 때때로 거친 폭군으로 비치기도 했지만 이런 방식으로 사람의 마음을 움직이며 존경받았다.

누군가에게 '당신은 이런 사람'이라고 말하면 상대는 그 기대에 맞춰 행동한다. 이를 심리학에서는 '라벨 효과label effect' 라 부른다. 마치 상품에 라벨을 붙이듯 상대의 성향을 규정했을 때 생기는 효과라는 뜻이다. 노스웨스턴 대학교에서 약리학과 행동과학을 연구하는 리처드 밀러Richard Miller 교수는 라벨 효과에 대한 재미있는 실험을 했다. 그는 시카고의 한 공립 초등학교에서 몇몇 학급의 담임선생에게 다음과 같은 부탁을 했다. '너는 청소를 잘하는 착한 아이구나.' '너는 정리정돈을 깔끔하게 하는 학생이구나.' 이런 내용을 학생들의 이름표에 붙여주게 한 것이다. 그러자 놀라운 변화가 일어났다. 사실 그 학교는 쓰레기를 함부로 버리는 학생들 때문에 고민이 많았다. 그런데 선생님이 아이들에게 이름표를 붙여준 뒤부터 학교에서 쓰레기가 점점 사라진 것이다. 학생들은 쓰레기를 버리기는커녕 오히려 치우기 시작했다. 이름표를 붙이지 않은 학급에서는 겨우 27%의 아이들만 쓰레기를 주웠는데 새로운 이름표를 붙인 학급은 무려 82%가 넘는 아이들이 쓰레기를 주웠다. 이는 새 이름표를 받은 아이들이 그곳에 적힌 내용을 지키기 위해 노력했기 때문이다.

이처럼 라벨 효과는 다른 사람의 행동을 특정한 방향으로 유도하는 데 효과적이다. 때문에 아이들의 교육 방법으로도 자주 활용되고 있다. 사람은 자신이 신뢰하는 사람의 기대에 부응하는 방향으로 행동한다. 그리고 아이는 부모의 기대를 먹으며 성장한다. 라벨 효과를 어릴 때부터 긍정적으로 심어주면 자존감 높은 아이로 성장할 가능성이 크다. 동생에게 장난감을 양보한 아이에게 "잘했어", "정말 착하다"라는 칭찬 대신 "와, 넌 정말 배려심이 깊은 형이구나"라고 말해주는 것이다. 단순히 행동의 결과를 칭찬하면 거기서 끝나지만 아이에게 좋은 라벨을 붙여놓으면 아이는 그것을 지키기 위해 노력한다.

토론토 대학교 심리학과 조안 그루섹Joan Grusec 교수의 실험이 이를 설명해준다. 그루섹 교수는 60명의 아이들에게 친구들과 서로 구슬을 주고받으며 놀게 했다. 놀이가 끝난 뒤에는 무작위로 두 집단으로 나눈 아이들에게 각각 다른 말로 칭찬해주었다. 먼저 한 집단에는 이렇게 말했다. "다른 아이에게 네 구슬을 나눠주다니 참

착하다. 정말 착한 행동이야." 다른 집단에는 조금 다른 말을 해주었다. "너는 항상 남을 돕는 친절한 사람이구나. 너는 다른 사람에게 도움을 주는 사람이야." 실험은 2주 뒤에 다시 이어졌다. 아이들에게 병원에 있는 친구들을 찾아가 만들기 재료를 나눠줄 것을 부탁했다. 2주 전 "너는 남을 돕는 친절한 사람이구나"라는 말을 들은 아이들의 45%가 재료를 나눠주는 너그러운 모습을 보였다. 반면 "참 착하다"라는 말을 들은 아이들 중 재료를 나눠준 경우는 10%에 불과했다. 아이들은 자신에게 붙은 긍정 라벨을 단순한 칭찬으로 여기지 않는다. 그보다는 자신이 갖고 있는 하나의 성품, 즉 정체성으로 받아들인다.

이러한 현상은 아주 어린 아이들에게서도 나타난다. 시카고 대학교 심리학과의 크리스토퍼 브라이언Christopher Bryan 교수는 3세~6세 사이의 아이들 149명을 대상으로 라벨 효과를 실험했다. 아이들을 반으로 나눈 뒤 한쪽에는 "정리를 도와줘"라는 부탁을, 다른 한쪽에는 "정리를 도와주는 사람이 되자"라고 부탁했다. 그러자 "도와주는 사람이 되자"라는 말을 들은 아이들이 더 열심히 정리하는 모습을 보였다. 블록, 장난감, 크레용 등 여러 번에 걸쳐 진행한 실험 모두 22%~29% 정도 높은 참여율을 보였다.

브라이언 교수는 성인을 대상으로도 실험을 했다. 시험을 볼 때

"부정행위를 하지 마세요"라는 말 대신 "부정행위자가 되지 맙시다"라고 말했다. 그저 말을 조금 바꾸었을 뿐인데 시험에서 부정행위가 절반으로 줄었다. 인간은 자기합리화에 능한 존재라 부정행위를 하지 말라는 말을 듣더라도 대수롭지 않게 여기기가 쉽다. 부정행위를 해서라도 좋은 성적을 얻는 것이 중요하기 때문에 어쩔 수 없다고 생각해버리기 때문이다. 그런데 '부정행위자'가 되지 말라고 하면 부정행위가 자신의 도덕성에 오점이 될 수 있음을 떠올린다. 미묘한 차이지만 단순한 행동을 제시하는 '부정행위'와 자신의 됨됨이를 결정지을 수 있는 '부정행위자'라는 단어를 제시했을 때 받아들이는 의미가 다르다. 이렇듯 행동이 아닌 성품을 강조하면 사람들의 선택이 달라진다. 하버드 대학교 심리학과를 수석 졸업한 와튼스쿨 조직심리학 교수 애덤 그랜트Adam Grant는 상대의 정체성, 즉 성품과 연관 지어 말하면 상대의 판단 과정과 결과를 바꿀 수 있다고 말한다. 그 방법이 바로 상대에게 내가 원하는 라벨을 붙이는 것이다.

"음주운전하지 마세요"보다 "음주운전자가 되지 맙시다"가 설득력이 더 강하다. 상대가 좀 더 다정하길 원한다면 "당신은 늘 친절한 사람이군요"라고 말하자. 처음 만난 사람과 계속 좋은 관계를 유지하고 싶다면 이렇게 말해보자. "오랜만에 생각도 잘 통하고 유쾌한 분을 만나 참 좋습니다." 지각하는 습관을 고치지 못하는 아이에게는 이런 말이 효과적이다. "너는 시간 약속을 잘 지킬 수 있는 사람이야." 좋은 기획안을 받았다면 "훌륭한 기획안이네요" 대신 "당신은 기획력이 정말 탁월한 분이네요"라고 말하자. 그러면 분명 상대는 계속해서 좋은 기획을 보여주기 위해 애쓸 것이다.

'아름다운 사람은 머문 자리도 아름답습니다.' 공중화장실에서 자주 보는 문장이다. 20년이 넘도록 쓰이고 있는 이 캠페인은 볼 때마다 성공적인 라벨링 전략이라는 생각이 든다. 수없이 봤지만 매번 나 자신이 '아름다운 사람'임을 증명하고 싶어진다. 이처럼 같은 의미라도 어떻게 말하느냐에 따라 상대의 행동이 달라진다. 이제 누군가에게 원하는 모습이 있다면 그에게 적절한 라벨을 붙여주자. 그는 라벨에 어울리는 사람이 되려 할 것이다.

Check Point

[1] 누군가에게 긍정 라벨을 붙이면 상대는 그 기대에 맞춰 행동하려 한다.

[2] 라벨은 상대의 행동이 아닌 정체성에 대해 이야기해야 한다.

24___ 때로는 많은 말보다 침묵이 더 강하다

몇 년 전 심야 라디오 프로그램을 진행하던 때였다. 생방송 중 나의 큰 기쁨은 청취자들이 보내주는 이런저런 사연을 읽는 시간이었다. 그날도 방송 틈틈이 도착한 이야기를 즐겁게 소개하고 있었는데 한 사연에서 눈길이 멈췄다. 얼마 전 세상을 떠난 어머니를 그리워하는 어느 청취자의 이야기였다. 담담한 문장에 담긴 그리움이 너무 가슴 아파 자꾸 눈물이 나오려고 했다. 애써 평정을 찾으며 사연을 소개했지만 결국 눈물을 참는 데 실패했다. 눈물을 삼키느라 몇 초간 아무 말도 하지 못했다. 나는 당황스러움을 짧게 정리하고 금세 음악으로 마무리했다. 자칫 방송사고로 이어질 뻔한 상황이었다.

음악이 나가는 동안 나의 프로답지 못한 모습을 자책하고 있었는데 청취자들의 문자가 쇄도했다. 주로 울지 말라는 위로의 이야기와 사연을 들으며 함께 울었다는 내용이었다. 그중에서 지금까지도 또렷이 기억에 남는 이야기가 있다. “따뜻한 말을 하는 사람, 위로의 마음을 전하는 사람, 오늘도 방송을 통해 만날 수 있어 고맙습니다.” 놀랍고도 감동적인 말이었다. 나는 분명 말을 하지 않았는데(못했는데) ‘따뜻한 말을 하는 사람’이라니. 신기했다. 사람들은 때때로 침묵에서 더 많은 것을 듣는다.

침묵의 힘이라 하면 버락 오바마Barack Obama 전 미국 대통령이 떠오른다. 2011년 미국 애리조나 투산에서 열린 총기 난사 희생자의 추모식 때였다. 연설 내내 침통한 표정이었던 그는 다음 구절을 끝으로 침묵했다. “나는 미국의 민주주의가 크리스티나가 꿈꾸는 것과 같기를 바랍니다. 우리 모두는 아이들이 꿈꾸는 나라를 만들기 위해 최선을 다해야만 합니다.” 이후 무려 51초의 무거운 침묵이 흘렀고 그는 연설을 다시 이어나갔다. 이 침묵을 두고 〈뉴욕타임스〉를 비롯한 많은 언론은 ‘2년의 재임 기간 중 가장 극적인 순간’이라고 평가했다. 또한 전 국민과 하나 된 마음을 나눈 최고의 연설이었다는 호평이 연이어 나왔다.

침묵은 이렇게 말로 표현되지 않는 궁극의 감정까지 전달한다. 그래서 때로는 말보다 침묵이 더 강하게 사람들을 끌어당기기도 한다. 물론 침묵을 활용해 대화의 효과를 탁월하게 높일 수도 있다. 전설적인 카피라이터 존 케이플즈John Caples가 음악학교 광고를 위해 썼던 '내가 피아노 앞에 앉았을 때 모두가 웃었다. 그러나 내가 연주를 시작하자…'라는 카피도 침묵의 효과를 이용한 것이다. 흥미진진한 드라마를 암시하는 부분에서 침묵함으로써 사람들의 관심을 집중시킨다. 심리학에서는 이를 가리켜 '자이가르닉 효과zeigarnik effect'라고 한다. 끝내지 못한 문제를 잊지 못하고 계속 관심을 두는 인간의 심리를 말하는 것이다. 막장 드라마의 마지막 장면에서 엄청난 일이 벌어진 것처럼 크게 놀란 표정의 주인공이 클로즈업된 뒤 '다음 이 시간에'라며 끝났을 때의 기분이 그것이다. 한창 열중하던 것을 갑자기 멈췄을 때 오히려 미련이 남아서 쉽게 마음속에서 지우지 못하는 심리현상을 말한다.

이 이론을 발표한 러시아의 심리학자 블루마 자이가르닉Bluma Zeigarnik은 이를 증명하기 위해 실험을 진행했다. 먼저 참가자 164명을 두 집단으로 나눠 10여 가지의 과제를 주었다. 그리고 한 집단은 어떤 방해도 없이 과제를 풀 수 있도록 했다. 하지만 또 다른 집단은 중간에 과제를 그만두게 하거나 다른 과제로 넘어가게 했다.

이후 각 그룹에 과제의 내용을 물었다. 놀랍게도 과제를 방해받았던 그룹이 과제 내용을 두 배 이상 더 잘 기억해냈다. 제대로 마무리하지 못했다고 느낀 불완전한 상황이 오히려 더 기억에 많이 남고 집착하도록 만든 것이다.

애플의 신화 스티브 잡스는 아이폰 만큼이나 탁월한 프레젠테이션으로도 유명하다. 그 역시 청중 앞에서 연설을 할 때면 침묵의 기술을 자주 활용했다. 그는 신제품을 공개하는 자리에서 "2년 반 동안 이날이 오기를 기다렸습니다"라는 말을 먼저 꺼냈다. 그러고는 무려 7초나 침묵했다. 이 긴 침묵으로 사람들은 어느새 그에게 몰입했고 곧 듣게 될 이야기에 대해 한껏 기대했다. 그리고 그가 아이폰을 꺼내 들자 모든 사람들의 눈과 귀가 그곳을 향했다. 잡스의 침묵은 순식간에 청중의 주의를 끌었고, 침묵 끝에 나온 신제품 소개는 설득으로 이어졌다.

우리나라에도 침묵을 이용해 많은 사람들을 설득하고 감동을 준 사람이 있다. 영화 〈기생충〉으로 아카데미 4관왕을 차지한 봉준호 감독이다. 비영어권 영화가 아카데미를 휩쓸었다는 사실도 놀라웠지만 봉준호 감독의 수상 연설은 전 세계를 감동에 빠뜨렸다. 특히 세계적 거장들과 나란히 후보에 오른 가운데 받은 감독상 수상 연설은 압권이었다. 그는 통역을 통해 이야기를 전했지만 중요한 부분 앞에서 절묘하게 이야기를 끊어갔다. 침묵해야 할 지점이 정확하게 계산된 연설이었다.

"좀 전에 국제영화상을 받고 오늘 할 일은 끝났구나 하고 릴렉스하고 있었는데…"(→ 통역)

"고맙습니다. 어렸을 때 제가 항상 가슴에 새겼던 말이 있었는데 '가장 개인적인 것이 가장 창의적인 것이다' 그 말을 하셨던 분이 누구였냐면…"(→ 통역)

"That quote is from our great Martin Scorsese!(그 말은 우리 위대한 마틴 스코세이지 감독님이 하셨습니다!)"(→ 마틴 스코세이지 감독을 가리키며 직접 영어로)

봉준호 감독의 연설은 그 자체로 이미 훌륭한 스토리텔링이었다. 그리고 적절한 침묵의 기술로 자신의 진실한 마음을 가장 극적으로 전달했다. 그의 연설을 들은 스코세이지 감독은 거의 울 것 같은 표정으로 감격했다. 아카데미 시상식을 실시간으로 시청하고 있던 나를 포함한 전 세계인들이 함께 감동한 순간이었다. 이처럼 꼭 전하고자 하는 이야기 앞뒤로 침묵하면 상대의 머릿속에 더 잘 각인시킬 수 있다. 다음 이야기가 궁금해져서 흥미를 갖고 집중하기 때문이다. 중요한 말을 하기 전에 "지금부터 중요한 이야기를 하겠습니다"라고 말하자. 그리고 잠시 침묵하면 전달력은 훨씬 높아진다.

침묵은 대화가 갈등상황에 빠졌거나 협상에 어려움을 겪을 때도 도움이 된다. 하버드 협상연구소의 윌리엄 유리는 "팽팽한 긴장이 감도는 협상 도중에 생각할 시간을 버는 가장 쉬운 방법은 잠시 멈춰서 아무 말도 하지 않는 것이다"라고 말했다. 화가 났을 때는 이미 판단력이 마비된 상태이므로 말을 멈추고 침묵하는 편이 낫다는 것이다. 침묵하면 상대는 자이가르닉 효과로 침묵의 이유를 알고 싶어 하고 궁금증이 해결되지 않으면 불편함을 느낀다. 그래서 곧 내 생각을 알아내기 위해 점점 적극적인 반응을 보이기 시작한다.

발명왕 에디슨Thomas Edison도 침묵의 힘을 잘 알고 있었다. 에디슨이 어느 날 자신의 발명품을 보러 온 은행가에게 스위치를 눌러보라며 시연을 권했다. 간단한 시연이었지만 은행가는 이 발명품의 뛰어난 가치를 금세 알아보았다.

"놀라운 발명품이네요! 5천 달러에 제가 사고 싶군요."

하지만 에디슨은 아무런 대답도 하지 않았다. 은행가는 다시 입을 열었다.

"좋습니다. 그럼 1만 달러 드리죠."

에디슨은 이번에도 아무 말도 하지 않았다. 은행가는 이 침묵을 오래 견디지 못했다.

"그래요. 2만 5천 달러에 사겠습니다."

에디슨은 여전히 입을 꾹 다물고 있었다. 은행가는 에디슨이 정말 고단수라고 생각하며 고개를 내저었다. 그러고는 10만 달러짜리 수표를 건넸다. 에디슨은 중개상을 쳐다보았고 중개상은 고개를 끄덕여 보였다. 거래가 끝나고 은행가는 웃으면서 말했다.

"에디슨 씨, 솔직히 말할게요. 저는 사실 15만 달러를 예상하고 있었어요!"

그러자 에디슨은 이렇게 대답했다.

"그러셨나요? 저는 1만 달러에 팔려고 했었죠!"

협상이 어렵게 느껴질 때는 차라리 침묵하면서 상대를 지켜보는 것도 방법이 될 수 있다. 침묵은 상대를 긴장시킨다. 그리고 상대는 침묵에 조바심을 느끼며 알아서 문제를 해결하려 할 것이다. 만약 상대가 침묵 전략을 쓴다면 조급해하지 말고 상대에게 질문을 던지자. "어떻게 생각하세요?", "의견을 말씀해주세요"라고 말이다. 그러면 대화의 공을 상대에게 넘기고 마음의 압박을 덜어낼 수 있다.

침묵은 대화에서 가장 유용한 무기 중 하나다. 상대가 나의 이야기에 더욱 집중하도록 만들어주고 이야기에 대한 흥미와 기대를 불러일으켜 전달력을 높인다. 또 상대가 공격적인 태도를 보이거나 대화가 어려운 상황에 빠졌을 때는 침묵이 나를 보호해주기도 한다. 침묵을 어색해하거나 불편해하지 말자. 가장 평화적이면서도 강한 힘을 가진 침묵을 제대로 사용한다면 우리는 어떤 상황에서도 자신감 있게 상대의 집중과 적극적인 태도를 얻을 수 있다.

Check Point

[1] 때때로 침묵은 말보다 강한 메시지를 전달한다.

[2] 침묵이 가져오는 궁금증과 미련을 활용하자.

25___ 표현되지 않은 감정은 대화에서 문제를 일으킨다

고단한 하루를 마무리하고 잠자리에 누우면 낮에 있었던 이런저런 일들이 떠오른다. 그때 그 사람은 왜 내게 그런 말을 했지? 나를 괴롭히고 싶은 건가? 별다른 의미 없이 한 말에 내가 예민하게 반응하는 걸까? 그때 이렇게 말할 걸 그랬나? 그냥 가만히 참고 넘어간 게 잘한 걸까? 속상한 마음은 가라앉지 않고 생각은 점점 꼬리를 무느라 잠이 오지 않는다. 편한 사람들과 대화를 나누다 보면 비슷한 문제로 힘들어하는 사람이 많다는 걸 알 수 있다.

친구 내가 저번에 얘기했던 입사 동기 기억하지? 같이 일하려니 정말 스트레스가 이만저만이 아니야.

나　　업무 진행 상황만 물어도 그런 거 묻지 말라며 버럭 화낸다는 그 동기 말이지? 요즘도 그래?

친구　매사에 어찌나 갑질을 하는지 말도 마. 업무 영역이 다른데 이유도 설명하지 않고 나를 아랫사람 대하듯 지적하는 건 다반사야. 심지어 얼마 전에는 내가 새 프로젝트에 투입된 걸 알고는 나한테 화를 내더라고. 왜 그걸 내가 하느냐고 말이야. 어이가 없었어.

나　　그 동기에게는 뭐라고 얘기했어? 기분 나쁘다는 얘기는 했어?

친구　아니. 너무 화는 나는데 따져 물으면 괜히 일이 커질 것 같아서 그냥 넘어갔지. 회사에서 같이 일해야 하는데 분위기를 냉랭하게 만들 수 없잖아.

많은 사람이 상대의 말에 상처받으면서도 어떻게 대응해야 할지 모른다. 감정을 표현하는 게 좋을지 안 하는 편이 나을지 고민만 하다가 대응할 타이밍을 놓쳐버리고 집에 돌아와 잠자리에서 상처를 곱씹는다. '내가 참고 말지'의 감정들은 쌓이고 쌓여 점점 처리 불능의 크기로 커진다. 대화와 인간관계에서 감정은 매우 중요한 부분이다. 그러니 대화에서 감정적으로 행동하는 것은 문제 해결에 도움이 되지 않는다. 그렇다면 역시 감정은 표현하지 않고 넘어가는 것이 정답일까? 상대가 참기 힘든 말로 나를 끊임없이 공격하더라도 말이다. 결론부터 말하자면 감정은 표현해야 한다.

여기서 분명히 짚고 가야 할 부분이 있다. '감정적으로 행동하는 것'과 '감정을 표현하는 것'은 완전히 다른 문제라는 것이다. 감정적으로 행동하는 것은 감정을 통제하지 못하는 상태다. 반면 감정을 표현하는 것은 내 감정을 알고 이를 대화의 기술로써 다룰 줄 아는 것이다. 하버드 협상연구소의 더글러스 스톤은 표현되지 않은 감정은 문제를 일으킨다고 경고한다. 이미 감정이 끼어든 문제에서 감정을 무시한 채 소통이 진행되는 것은 불가능하다. 감정 자체가 매우 중요한 문제가 되었기 때문이다. 이때는 아무리 외면하려 해도 감정이 계속 대화 속으로 비집고 들어온다. 표현하지 않고 참고 있는 감정들은 다양한 방법으로 대화에서 존재를 드러낸다. 자신이 의식하지 못하는 사이 표정, 목소리, 냉소적인 태도 등으로 나타난다. 말하지 않았을 뿐 상대는 감춰진 감정을 알아챈다. 결국 겉으로 꺼내지 않은 감정으로 인해 대화는 긴장 상태에 놓이게 된다. 뿐만 아니라 표현하지 못한 감정은 대화에서 가장 중요한 경청을 할 수 없게 만든다. 상대의 말에 집중하고 싶지만 내면의 목소리가 라디오를 켜놓은 것처럼 자꾸 감정을 읊어댄다. 이렇게 억눌린 감정은 어느새 표현하지 못하는 자신을 탓하기에 이른다. 스스로 자존감을 무너뜨리는 것이다.

하버드 대학교 심리학과 교수 수전 데이비드Susan David는 자신의 책 《감정이라는 무기》에서 이렇게 말했다. "감정을 억누르지 말고 자신의 감정을 있는 그대로 들여다보라." 그러면 부정적인 감정도 생산적인 에너지로 바꿀 수 있다는 것이다. 무엇보다 건강한 자아를 위해 감정을 표현해야 한다.

하지만 감정을 있는 그대로 들여다보고 인정한다는 것이 생각처럼 쉽지가 않다. 사람들이 감정을 잘 표현하지 못하는 이유는 느끼면 안 되는 감정이 있다고 생각하기 때문이다. 많은 사람들이 착한 사람 콤플렉스 때문에 화가 나도 화내고 싶은 감정을 못 본체하려 한다. 화가 나면서도 시끄러운 일을 만들지 않는 게 차라리 낫다고 여긴다. 상대가 나를 미워하고 공격하게 될 것이 더 두렵고 싫다고 생각한다. 그러다 보니 언제부턴가 자신보다 다른 사람의 감정을 더 우선순위에 놓게 된 것이다. 내 친구가 무례한 동료로 인해 힘들어하면서도 상대와의 관계를 걱정하는 것처럼 말이다.

감정을 그대로 인정하고 표현하는 것이 불편하게 느껴진다면 이렇게 생각해보자. 내 친구의 동료는 자신의 감정을 거침없이 표현하는데 친구는 왜 그러면 안 되는지. 감정을 표현해선 안 될 이유가 없다. 정신건강의학과 전문의 정혜신 박사는 감정 표현에 대해 이렇게 말했다. "자신의 감정을 억압하고 쌓아두지 않고 타인에게 적절히 알릴 수 있어야 본인도 편안하고 타인에게 이해받기 쉬워진다." 결국 제대로 된 감정 표현은 상처와 오해를 줄이는 역할을 한다. 그러니 내 감정을 드러내면 상대와의 관계가 나빠질지도 모른다는 걱정부터 앞세울 필요는 없다.

관계에도 균형이 중요하다. 한쪽으로 기울어진 저울 같은 관계는 오래 지속되기 어렵다. 자신을 존중하는 마음보다 다른 사람의 감정을 우선순위에 두다가는 관계에서 상처받기 쉽다. 일방적으로 상대의 감정에만 맞추는 대화를 하다 보면 금세 억울한 마음이 생기기 때문이다. 그리고 인간의 인내심에는 한계라는 것이 존재한다. 억울함이 임계치에 달했을 때는 어떤 식으로 폭발해버릴지 알 수 없다. 아직 겉으로 드러나는 문제가 없다고 해서 언제 터질지 모르는 감정 폭탄을 지닌 위태로운 관계가 바람직하다고 할 수는 없다.

그럼에도 우리는 여전히 불안하다. 힘들게 감정을 표현했는데 상대가 이해는커녕 완전히 무시해버리지는 않을까? 혹은 내 감정 표현에 심각한 상처를 받아 관계를 돌이킬 수 없게 되면 어떻게 해야 할까? 그래서 상대가 내게 엄청난 분노와 원망을 쏟아낸다면 나는 어떤 대응을 해야 할까? 걱정과 두려움에 머리가 복잡해질 것이다. 감정을 표현하기로 한 결심은 이런 생각들로 또다시 미루게 된다. 감정을 표현하지 않으면 일시적으로는 상황이 쉽게 정리되고 갈등도 줄일 수 있다. 인간관계에서의 위험요인을 피할 수 있는 방법처럼 보일 수도 있다. 하지만 문제는 해결되지 않고 그대로 남아 있다. 진짜 문제는 감정인데 표현하지 않고 감춰두었으니 말이다. 감정을 이해하고 통제하고 표현하는 것은 어쩌면 우리의 영원한 도전 과제일지도 모른다. 어렵고 두려우며 늘 위험부담이 따른다. 그렇다고 감정 문제를 피해서는 안 된다. 대화와 인간관계에서 가장 중요한 부분이 감정이며 감정은 나 자신에게도 다방면으로 엄청난 영향을 미친다. 낙담할 필요는 없다. 쉽지는 않지만 감정 표현에도 방법이 있다. 다음 내용에서 천천히 알아가 보자.

Check Point

[1] 갈등을 피하고자 감정을 숨기면 오히려 관계가 위태로워진다.

[2] 나와 상대 모두를 위해 올바른 감정 표현이 필요하다.

26___ 대화에서 내 감정을 건강하게 표현하는 방법

감정 표현의 필요성을 알았다면 감정을 드러낼 마음의 준비는 되었다. 하지만 역시 가장 신경 쓰이는 것은 감정 표현이 갈등을 불러일으키는 건 아닐까 하는 걱정이다. 감정 표현의 목적이 싸움은 아니기 때문이다. 상대가 나를 이해하도록 도와주고 서로가 만족할 만한 방향으로 문제를 풀어가는 것이 목적이다. 이를 위해서는 먼저 내 감정부터 파악해야 한다. 그리고 서로를 더욱 잘 이해할 수 있는 건강한 방법으로 감정을 표현해야 한다.

다른 사람에게 감정을 표현하는 첫 번째 방법은 '나'로 시작하는 문장을 사용하는 것이다. 이는 대화에서 상대를 판단하고 평가하는 말을 버려야 하는 이유와 같다. 감정의 대상이 나로부터 시작되어야 상대가 방어적인 태도를 취하지 않고 안전한 대화를 이어갈 수 있다. 내 감정을 표현했을 뿐인데 그것이 싸움의 시작이 되었다고 하는 경우를 살펴보면 주로 '나'가 아닌 '너'로 시작하는 문장임을 확인하게 된다. "너는 늘 자기중심적이어서 너랑 얘기하면 기분이 나빠져." 내 감정을 표현한 것 같지만 사실은 상대에 대한 판단과 평가가 먼저 나왔다. 이처럼 '너'로 시작하는 문장은 대부분 공격성을 띠고 있으며 상대에게는 탓하기와 비난으로 여겨지기 쉽다.

'나'로 시작하는 문장을 만드는 것조차 어렵게 느껴진다면 이렇게 해보자. "나는 (어떠한 감정, 기분 등)을 느낀다"라고 말하는 것이다. 이렇게 표현하면 온전히 나의 관점에서 말하고 있다는 점을 확실히 할 수 있다. 따라서 상대도 죄책감을 느낄 필요 없이 열린 태도로 이야기를 들을 수 있다. 그리고 감정을 표현하는 문장은 세 부분으로 구성해보자. 상대의 행동, 나의 감정 그리고 상대의 행동이 내 감정에 영향을 미친 이유를 넣어보는 것이다. 예를 들어보자. "나는 네가 내 일에 대해 지적하는 것이 나를 한심하게 보는 것처럼 느껴져서 화가 나." 이 문장은 자신의 감정은 정확히 표현하면서도 상대의 의도를 함부로 판단하지 않는다.

감정을 잘 표현하는 두 번째 방법은 최대한 정직하게 모든 감정을 이야기하는 것이다. 모든 감정을 표현하라니 막장 드라마처럼 마구 쏟아내야 할 것 같아 거부감이 들지도 모르겠다. 당연히 무례한 막말 대잔치를 하라는 뜻이 아니다. 내가 느끼는 감정을 몇 가지만 골라내어 말하면 감정 표현이 제대로 이루어지지 않는다. 모든 감정을 이야기하는 것은 서로의 인식 차이를 좁혀보려는 노력이며 상대에 대한 배려다. 하버드 협상연구소의 더글러스 스톤은 자신의 책 《우주인들이 인간관계로 스트레스받을 때 우주정거장에서 가장 많이 읽은 대화책》에서 모든 감정을 표현함으로써 다툼을 줄이고 이해와 참여의 폭을 넓힐 수 있다고 했다. 또한 서로에게 도움이 되는 새로운 대화 방식을 찾아갈 수 있다고 말했다.

대기업에 다니던 후배가 오랜 꿈이었던 화가의 길을 가기 위해 퇴사를 결정했다. 그녀의 어머니는 이 결정을 몹시 못마땅해했다. 그날 이후 그림을 그려서 어떻게 먹고사느냐는 어머니의 걱정 섞인 잔소리를 매일같이 들어야 했다. 그녀는 자신을 믿어주지 않는 어머니에게 점점 화가 났다. 결국 "엄마 때문에 내가 정말 미치겠어요!"라고 버럭 화를 내고 말았다. 어머니와의 관계는 급속도로 냉랭해졌다. 어머니와 감정을 풀고 싶지만 다시 대화를 시도하면 관계가 더 나빠질 것 같았다.

이때 그녀가 어머니에게 자신의 모든 감정을 표현하며 이렇게 말했다면 어땠을까. "나는 엄마가 그림 그려서 어떻게 먹고살 거냐고 물을 때면 여러 감정이 들어요. 사실 화가 나요. 내가 엄마한테 그런 걱정은 그만 듣고 싶다고 부탁했는데도 계속 그래서 그런 것 같아요. 그리고 한편으론 엄마한테 고맙기도 하고 위안을 받기도 해요. 엄마가 나를 많이 아끼고 신경 쓰느라 그런다는 생각도 들거든요. 또 엄마가 내 결정을 불안해하는 것 같아서 속상해요. 엄마가 내 능력을 믿어주지 않는 것 같아서 섭섭하기도 하고요. 내가 엄마를 실망시키고 있다는 기분이 들어 죄책감도 들어요." 분명 그녀의 어머니는 딸의 감정을 더욱 깊이 이해하게 될 것이다.

감정을 표현하는 세 번째 방법은 상대의 말을 경청하는 것이다. 감정을 표현하는 법이 듣는 것이라니 모순처럼 들릴 수도 있다. 하지만 감정을 표현하는 상황도 대화다. 대화는 양방향이어야 한다는 사실을 잊어선 안 된다. 내 감정을 표현한 만큼 상대의 감정에 대해서도 경청할 때 비로소 서로를 이해할 수 있다. 나의 감정을 모두 말하고 상대의 관점에서 들려주는 상대의 감정에 귀 기울이자. 그러면 혹시 있을지 모를 오해로 생긴 감정들을 발견할 수도 있고 관계가 개선될 수 있다. 상대의 말에 집중하고 고개를 끄덕이고 상대의 말을 반복해 확인하도록 하자. "너에게는 이것이 ○○○처럼 느껴졌구나!"라고 말이다.

그렇다면 감정을 표현하기에 앞서 왜 내 감정부터 파악해야 할까. 감정은 눈에 보이지 않고 측정할 수도 없어서 그 정체를 또렷하게 알기 어려워서다. 게다가 순도 100%의 단일 감정이라는 것은 존재하지 않는다. 여러 감정이 뒤섞인 상태이며 같은 상황에서도 당시의 생각이나 인식에 따라 감정의 모양은 다르게 보인다. 따라서 우리는 잘못된 정보로 인해 무의미하고 소모적인 감정에 빠질 수도 있다. 때때로 감정의 크기를 왜곡하거나 감정의 원인을 착각하기도 한다.

예를 들어 보자. 친구와 부산으로 1박 2일 여행을 가기로 약속했다. 그날을 위해 미리 일정을 조율해놓고 맛집을 검색하고 옷도 사두었다. 그런데 약속 하루 전 친구가 일이 생겼다며 여행을 취소했다. 어떤 감정이 느껴질까. 나와의 우정을 가볍게 여긴다는 생각에 섭섭하고 화가 날 것이다. 그런데 만약 내가 약속 며칠 전부터 몸이 좋지 않아 쉬고 싶다는 생각이 들었다면 어땠을까. 친구가 약속을 취소했을 때 오히려 잘 됐다며 안도감을 느낄 것이다.

이처럼 감정은 자극에 대한 즉각적인 반응이 아니라 해석이라는 이론이 있다. 우리는 보통 감정이 생기면 신체 반응이 만들어진다고 생각한다. 심장 박동이 빨라지거나 체온이 오르거나 얼굴이 붉어지고 두통이 생기는 등의 반응들 말이다. 하지만 하버드 대학교 심리학 교수 윌리엄 제임스William James와 덴마크의 생리학자 칼 랑게Carl Lange는 이와 반대되는 학설을 발표했다. 일명 '제임스-랑게 이론'이다. 이들은 인간이 자극을 받으면 생리적 변화가 먼저 생긴다고 주장했다. 그리고 이 변화를 알아차림으로써 감정을 깨닫는다는 것이다. 설명하자면 '행복해서 웃는 게 아니라 웃어서 행복하다'라는 과정을 거친다는 말이다. 이후 이 이론은 '샥터-싱어의 2요인 이론Schachter-Singer Two Factor Theory'으로 발전했다. 이는 생리적 반응과 함께 그 반응이 왜 일어났는지에 대한 인식에 따라 감정을 느낀다는 것이다. 예를 들어 어디선가 갑자기 뱀이 나타나 모두가 깜짝 놀랐다. 그런데 알고 보니 그 뱀은 누군가 장난을 치려고 가져다 놓은 장난감 뱀이었다. 이 사실을 알게 되었을 때 어떤 사람은 이 상황을 재미있다고 느낀다. 하지만 다른 사람은 장난이 지나치다며 화가 난다고 느낀다.

이런 이유로 나의 감정을 파악해볼 필요가 있다. 이것은 감정을 축소하라는 의미가 아니다. 감정이 반응이 아닌 해석이라면 언제든 왜곡될 수 있기 때문이다. 잘못 해석한 감정에 고통받는다면 이는 나 자신에게 가장 안타까운 일이다. 따라서 내가 느끼는 감정이 혹시 잘못된 정보나 인식으로 생긴 것은 아닌지 질문해보자. 그리고 다른 상황에서 생긴 감정에 영향을 받아 착각한 것은 아닌지,

검증되지 않은 추측으로 상대의 의도를 판단하지는 않았는지 다양한 각도에서 질문해보고 살펴보려는 노력이 중요하다. 그리고 이 노력만으로도 감정이 변하고 분노가 줄어드는 것을 느끼게 될 것이다.

Check Point

[1] 감정을 잘 표현하려면 '나'로 시작하는 문장으로 모든 감정을 표현하고 상대의 말을 경청해야 한다.
[2] 감정을 잘 표현하기 전에 먼저 내 감정을 파악하려는 노력이 필요하다.

27___ 나를 싫어하는 사람을 내 편으로 만드는 방법

많은 사람들이 업무보다 관계에서 오는 피로 때문에 직장생활이 힘들다고 느낀다. 은근히 나를 미워하는 동료나 사사건건 트집거리만 찾는 상사가 퇴사 욕구를 부추긴다. 적이라고 표현할 것까진 없지만 나를 미치게 만드는 사람이 한 명쯤은 꼭 있다. 그렇다고 회사를 그만둘 수는 없으니 그 사람과 계속 손잡고 일해야만 하는 상황이다. 어떻게 해야 할까?

① 불편한 상황마다 사과하며 상대의 기분을 맞춰준다.

② 대응하면 괜히 관계가 더 나빠질 수도 있으니 그냥 꾹 참고

내버려 둔다.

③ 상대에게 부담되지 않는 개인적인 부탁을 해본다.

혹시 그동안 ① 또는 ②를 시도해본 적이 있는가? 그렇다면 적어도 그것이 답이 아니라는 점을 알고 있을 것이다. 상황은 나아지지 않고 마음고생만 더욱 심해진다는 사실을 말이다. 심리학적으로 볼 때 이 상황을 해결하는 가장 효과적인 방법은 ③이다. 미국의 초대 정치인 벤저민 프랭클린도 이 같은 상황을 고민했다. 그리고 끝내 상대의 마음을 돌려놓은 그의 유명한 일화가 있다.

프랭클린이 펜실베이니아 주 의회 서기로 일했던 시절이었다. 그가 하는 일마다 이유 없이 반대하며 껄끄럽게 구는 의원 한 명이 있었다. 그 때문에 자주 곤혹스러웠던 프랭클린은 관계를 개선하기 위한 방법을 생각해냈다. '그가 구하기 힘든 책을 갖고 있다고 하니 그걸 빌려달라고 부탁해 봐야겠다.' 곧 프랭클린은 그 의원에게 책을 꼭 빌려 보고 싶다는 정중한 편지를 보냈다. 그런데 이게 웬일인가. 그는 이 부탁에 긍정적인 관심을 보였다. 그리고 이렇게 대답했다. "다른 곳에서 쉽게 구할 수 없는 책이죠. 꼭 보고 싶으시다면 빌려드리겠습니다." 이후 이들의 관계는 180도 달라졌다. 그 의원은 프랭클린을 여러 모임에 초대해 좋은 사람이라고 소개했다. 또한 프랭클린의 일이라면 기꺼이 도와주며 우정을 나눴다. 이처럼 부탁을 들어준 사람이 부탁을 한 사람에게 호감을 갖는 현상을 '벤저민 프랭클린 효과Benjamin Franklin Effect'라고 한다. 프랭클린은 이 일을 교훈 삼아 이렇게 말했다. "적이 당신을 한 번 돕게 되면, 더욱 당신을 돕고 싶어 한다."

그렇다면 벤저민 프랭클린 효과에 어떤 과학적 근거가 있는 걸까? 미국 텍사스 대학교 심리학과의 존 제커Jon Jecker와 데이비드 랜디David Landy 박사는 실험을 통해 이를 증명했다. 연구진은 실험 참가자를 A, B, C 세 그룹으로 나눠 상금이 걸린 콘테스트에 참여시켰다. 콘테스트 후 A 그룹 참가자들에게는 실험 감독이 직접 이렇게 물었다. "제 개인 돈으로 이 실험을 수행 중인데 돈을 다 써서 중단할 위기에 처했어요. 상금을 돌려주실 수 없을까요?" B 그룹 참가자들에게는 실험실 직원이 이렇게 물었다. "실험실 연구비가 바닥나서 그런데 혹시 상금을 돌려주실 수 있을까요?" C 그룹 참가자들에게는 어떤 요청도 하지 않았다.

실험이 끝나고 연구진은 참가자에게 실험 감독의 호감도를 묻는 설문조사를 했다. 그러자 흥미로운 결과가 나왔다. 실험 감독에 대해 A그룹 참가자들이 가장 긍정적으로 평가했다. 그는 매우 점잖은 사람이며 돈을 돌려받을만한 자격이 있다고 했다. 돈을 돌려줄 필요가 없었던 C그룹 참가자들은 실험 감독이 누구인지 기억조차 못 했다. B그룹 참가자들이 가장 낮은 호감도를 보였다. 아마도 실험실 차원의 환불 요청이 언짢았을 것이다. 실험은 개인적으로 도움을 부탁받았을 때 상대에 대한 호감도가 높아진다는 사실을 보여준다.

이는 심리학의 '인지 부조화cognitive dissonance' 이론으로 설명할 수 있다. 인간에게는 자신의 생각, 행동, 태도 등에서 일관성을 유지하려는 욕구가 있다. 그래서 여러 생각이나 행동이 일관되지 않을 때 심리적 긴장을 느낀다. 이런 심리 상태를 인지 부조화라고 부른다. 이를 해결하는 방법은 생각보다 간단하다. 내가 도운 사람을 미워하지 않고 좋아해 버리는 것이다. 행동은 바꾸기 어려우니 행동과 일치하도록 생각이나 태도를 바꾼다. 그러면서 '나는 그 사람을 좋아해서 도와준 거야'라고 느낀다. 즉 마음으로 느끼는 감정과 밖으로 표현한 행동을 일치시켜 마음의 혼란을 해소한다.

의원은 자신이 싫어하는 프랭클린에게 책을 빌려주는 호의를 베풀었다. 이때 그의 생각과 행동 사이에 모순이 생긴다. '나는 그가 싫은데 왜 책을 빌려줬지?' '생각과 행동이 따로 놀다니 이를 어쩌지?' 따위의 생각이 드는 것이다. 이는 점차 '사실 그는 나쁜 사람이 아닌데 내가 오해하고 있었을지도 몰라'로 발전한다. 의원은 결국 프랭클린에 대한 나쁜 감정을 거둔다. 생각과 행동의 인지 부조화를 해소하려 프랭클린이 좋은 사람이라고 생각을 바꾼 것이다.

인지 부조화 이론은 마케팅에서도 활용될 만큼 사람의 마음을 움직이는 데 효과적이다. 2017년 〈하버드 비즈니스리뷰〉에 실린 '긍정을 유도하는 설문조사의 힘'에서 이를 확인할 수 있다. 전국 유통망을 가진 한 브랜드에서 인지 부조화 이론과 관련한 연구를 실시했다. 일부 고객에게 만족도 설문조사에 칭찬을 해달라는 요청을 한 것이다. 그리고 설문조사에 참여한 모든 고객의 이듬해 소비를 살펴봤다. 그러자 칭찬을 요청받은 고객이 그렇지 않은 고객보다 이 브랜드에서 거래는 9%, 소비는 8%를 더 많이 한 것으로 확인됐다. 심지어 이들 중에는 만족도 측정에서 불쾌한 경험이 있다고 밝힌 사람도 있었다. 또한 어느 소프트웨어 기업에서는 설문조사에서 특별히 좋아하는 기능에 관한 질문을 했다. 그리고 이후 이 질문을 받은 사용자들은 그렇지 않은 사용자에 비해 이 기업의 제품을 사용하는 시간이 32%나 많았다. 두 실험 모두 긍정적인 평가를 내린 자신의 행동을 합리화하기 위해 그 제품을 평소보다 더 많이 구매하거나 사용한 것이라 하겠다.

얼마 전 오랫동안 못 보고 지낸 대학 후배에게서 전화가 왔다. 공기업 사내 아나운서 채용에 본인이 면접관으로 참여하게 됐다는 것이다. 그러면서 면접을 할 때 어떤 질문을 하면 좋을지 내게 조언을 부탁했다. 나는 기쁜 마음으로 성심껏 대답해주었다. 그런데 만약 내가 그 후배였다면 아마 나를 떠올리더라도 선뜻 부탁 전화를 하지 못했을 것이다. 연락도 못 하고 지냈는데 경우 없는 행동으로 보일 것 같다는 걱정이 앞섰을 테니까. 하지만 오히려 나는 후배의 부탁을 받고 기분이 무척 좋았고 그날 이후 그가 더 가깝게 느껴졌다. 아마도 내 전문성에 대한 인정 욕구가 채워져서일 것이다. 그리고 인지 부조화 이론에 따라 내 행동에 맞춰 후배를 좋은 사람으로 생각했기 때문일 것이다. 나는 부탁을 하는 것은 상대에게 부담을 주는 일이라고 생각하던 사람이었다. 특히 상사나 선배 같은 윗사람에게는 더욱 그러했다. 하지만 시간이 흘러 선배보다 후배가 좀 더 많아지고 나서야 깨달았다. 내게 부탁을 한 사람에게 더 마음이 간다는 사실을. 그리고 그 사람을 진심으로 더 돕고 싶어진다는 사실을 말이다. 나를 싫어하는 것 같고 왠지 불편한 사람이 있다면 부담스럽지 않은 부탁을 해보자. 그래서 상대가 내게 호의를 베풀 수 있도록 유도하자.

"부장님, 책 좋아하시죠? 괜찮은 책 있으면 추천 좀 해주세요."

"선배님께 발표 잘하는 요령을 배우고 싶어요."

"샘플 중에 어떤 게 제일 적합할지 모르겠어. 네가 한번 보고 골라줄래?"

"엄마가 중요한 자료에 넣을 그림이 필요한데 우리 딸이 인터넷에서 좀 찾아줘."

부탁거리는 굳이 거창할 필요가 없다. 자판기 음료수를 먹기 위해 동전을 빌리는 단순한 부탁도 좋다. 부탁을 받은 상대는 곧 마음을 열게 될 것이다.

살다 보면 나를 좋아하지 않는 사람들로부터 도움을 받아야 할 일도 생긴다. 그런데 막상 그런 상황이 되면 그들이 나를 더 싫어하고 비난하게 될까봐 부탁을 망설인다. 물론 껄끄러운 사람에게 부탁하는 데는 큰 용기가 필요하다. 그래도 먼저 손을 내밀어 용기 있게 부탁한다면 관계는 달라질 것이다. 굳게 닫힌 상대의 마음이 조금은 열리고 나에 대한 호감으로 채워질 것이다. 그러니 상대가 내게 친절을 베풀 수 있도록 부탁을 시도해보자. 어려운 관계도 풀어갈 수 있는 실마리를 찾게 될 것이다.

Check Point

[1] 나를 싫어하는 사람에게 용기 내어 작은 부탁을 해보자.

[2] 한 번의 정중한 부탁은 호감으로 돌아온다.

28___ 나쁜 말과 행동에는 먹이를 주지 말 것

아무리 노력해도 인간관계란 늘 좋을 수 없고 갈등이 생기기 마련이다. 또 관계의 속성이 상대적이라고 가정해보면 모든 관계에는 자신이 책임져야 할 부분이 있다. 그런데 이 모든 전제를 고려해도 우리는 성선설을 강하게 의심하게 만드는 사람들을 만나게 된다. 그들은 다양한 방법으로 주변 사람들을 괴롭힌다. 없는 사람인 양 따돌리기, 면박 주기, 농담을 가장한 상처 주기, 말 끊기, 협박하기 등으로 말이다. 그뿐 아니라 책임 떠넘기기, 거짓말로 상대를 곤경에 빠뜨리기 등 그 수법은 셀 수 없다. 그럴 때면 성선설을 주장한 맹자에게 묻고 싶어진다. "저런 사람도 정말 본성은 선할까요?"

실제로 그런 사람을 본 적이 있다. 그는 같은 직장에 있는 많은 이들을 오랜 시간 동안 힘들게 했다. 위에서 열거한 수법들을 모두 포함해 갖가지 언어폭력과 갑질을 일삼았다. 워킹맘인 후배에게 "넌 아줌마티 좀 내지 마! 아줌마가 무슨 자랑이야?"라는 말을 습관처럼 내뱉곤 했다. "그 월급으로 생활을 어떻게 해?"라는 말에도 죄책감은 없었다. 본인이 늦어 업무 진행이 지연됐음에도 다른 직원이 늦게 처리한 탓이라고 거짓 보고를 했다. 담당자를 옆에 두고 "새 프로그램 형식 정말 별로지 않아요?"라고 서슴없이 비난했다. 근거 없는 인신공격과 거의 모든 사람들에 대해 뒷담화를 하고 다니는 것은 취미처럼 보였다.

우리는 다른 사람이 어떤 의도를 가지고 말하는지 정확히 알 수 없다. 비록 기분 나쁜 말이어도 그것이 그저 상대의 성급한 감정적 반응이었을 수도 있다. 나를 괴롭히기 위해 한 행동이 아니라 내가 미처 알지 못한 상대의 속사정이 있을지도 모른다. 하지만 위의 경우처럼 명백히 남에게 피해가 될 거짓말을 하거나 불순한 의도를 가진 사람이 있다. 이런 사람 때문에 엄청난 스트레스를 받으면서도 많은 이들이 어떻게 대응해야 할지 모른다. 하버드 협상연구소의 더글러스 스톤은 이런 사람들에게 조언한다. "나쁜 행동에 보상하지 않도록 주의하라.”

여기서 나쁜 행동이란 자신이 원하는 바를 이루려고 고의로 상대를 위협하고 조종하는 것이다. 이럴 때 사람들은 상황이 복잡해지는 것이 싫어서 상대가 원하는 대로 양보해주곤 한다. 그러면 정작 본인은 만족스럽지 못한 결과를 맞게 돼 억울한 기분마저 든다. 게다가 이런 대응은 나쁜 행동에 대해 보상해주는 격이나 다름없다. 상대는 자신의 나쁜 행동에 굴복한 사람을 얕잡아보며 앞으로도 같은 행동을 반복할 것이다. 자신이 원하는 바를 이루는 방법에 대해 이런 식으로 학습해왔기 때문이다.

의사소통 전문가 퍼트리샤 에반스Patricia Evans는 저서 《언어폭력》에서 다음과 같이 말했다. “언어폭력은 상대에게 권력을 행사하는 방법이다. 물리적 폭력과 달리 눈에 보이는 흔적을 남기진 않지만 그것 못지않게 큰 고통을 안겨준다. 심술꾼은 독재를 원하고, 그래서 상대의 인식, 경험, 가치, 성취, 계획 등을 무시하고 부정한다. 현실도 인정하지 않는다. 언어폭력은 모호하거나 간접적으로 나타나기도 한다. 그리고 예측 불가능하다는 특성도 있다. 언어폭력이 발생하는 관계에서 피해자는 자기도 모르는 사이에 학대를 용인하도록 학습되고 자존감을 잃어간다. 가해자는 피해자에게 모든 것을 뒤집어씌워 희생양으로 삼고 그녀는 그렇게 피해자가 된다.”

나쁜 행동에 양보하는 것은 관계에서 결코 좋은 해답이 될 수 없다. 의도적인 나쁜 말과 행동을 멈추게 하지 못하기 때문이다. 에반스가 심술꾼이라 표현한 이들은 상대를 치밀하게 깎아내린다. 계산된 나쁜 행동을 일삼는다. 그것을 통해 우월감을 느끼고 자신의 힘에 상대가 힘들어하는 것을 즐긴다. 이런 행동을 합리화하도록 인정해준다면 그 수위를 더욱 높여갈지도 모른다. 그러니 상대의 나쁜 의도로부터 자신을 지키기 위해서는 나쁜 말과 행동을 순순히 받아주어서는 안 된다. 그럼 상대에게 똑같이 되갚아주면 될까? 맞불작전은 위험부담이 크기에 신중할 필요가 있다. 단순히 두 사람의 관계를 넘어서 자신의 평판에도 악영향을 끼칠 수 있기 때문이다. 자세한 상황을 모르는 사람들은 그저 '손바닥이 마주쳐서 낸 소리'라고 여긴다. 한마디로 나도 똑같은 사람이 될 수 있다. 게다가 이는 상대에게 자신의 나쁜 행동을 합리화할 명분이 될 수도 있다.

가만히 있어도 안 되고 똑같이 반응해도 안 된다면 우리는 이런 사람을 어떻게 다루어야 할까. 나쁜 행동으로 주변인들을 상처투성이로 만드는 사람들의 공통된 특징이 있다. 점점 더 못되게 행동하면서도 죄책감이 없다는 것이다. 자신이 그렇게 행동하는 이유를 남에게 떠넘기기 때문이다. 그러면 무엇보다 이들이 자신의 행동에 책임을 느끼도록 만드는 게 중요하다. 그 방법 중 하나는 이야기를 할 때 '너'라고 주체를 분명하게 밝히는 것이다.

지금까지는 감정을 표현할 때 '나'라는 주어를 사용하는 것이 좋다고 강조했다. 하지만 죄책감을 모르는 못된 사람에게 완곡한 어법은 먹히지 않는다. 예를 들어 "나를 그렇게 대할 때마다 나는 무시 받는 기분이 들어"라고 말했다. 그러면 그들은 "그렇게 느끼는 네가 문제야!"라고 나올 확률이 높다. 혹은 "내가 왜 너의 기분을 알아야 하지?"라며 더 세게 공격할 것이다. 이럴 때는 '너'라는 주체를 분명히 해 원하는 바를 정확히 전해야 한다. "네가 나한테 이야기를 할 때는 좀 더 부드러운 말투였으면 해." 이 대화에서 '너'라는 표현은 '계속 그렇게 굴다간 후회하게 될 거야'라는 경고를 보내는 것이다. 이는 우리가 인간관계에서 지향하는 규칙의 방향과는 다르지만 예외도 있는 법이다. 간혹 극단적으로 무례한 사람을 상대해야 할 때는 단호함이 최선의 방어가 되기도 한다.

무례함이 끼치는 악영향은 생각보다 훨씬 더 파괴적이다. 세계적인 신경과학자 로버트 사폴스키Robert Sapolsky는 "사람이 무례함을 오랫동안 자주 경험하면 면역체계까지 영향을 받는다"라고 밝혔다. 무례함을 겪으며 스트레스를 받으면 심장질환, 암, 당뇨 같은 병에 걸릴 확률이 높아진다는 것이다. 실제로 여성 근로자의 근무 환경과 건강 사이의 상관관계를 10년간 추적한 결과, 일에 관련된 스트레스가 심장질환 발병률을 38%나 높이는 것으로 나타나기도 했다.

직장 내 무례함은 우리나라에서 특히 심각하다고 한다. 글로벌 HR 컨설팅 업체 유니버섬Universum이 2016년 57개국 직장인 20만 명을 대상으로 전 세계 직장인의 행복도를 조사했다. 여기서 한국은 겨우 49위에 머물렀다. 또한 한국 직장인은 상사와 동료의 무례한 행동에 가장 큰 스트레스를 받는 것으로 나타났다. 그래서 특히 우리나라 사람들에게는 '무례함 대응 매뉴얼' 도입이 시급하다. 우리가 무례함에 잘 대처해야 하는 이유는 그것이 바로 우리의 삶을 지키는 방법이기 때문이다. 다른 사람이 함부로 나의 몸과 마음을 병들게 하지 않도록 무례한 사람들에게 먹이 대신 통쾌한 단호함을 날리자.

Check Point

[1] 언어폭력은 우리의 자존감을 갉아먹는다.

[2] 무례함을 일삼는 사람에게는 그가 잘못했다는 점을 분명히 밝히자.

29___ 무례함의 초점을 상대에게로 옮기는 방법

사회생활을 하면서 다른 사람의 무례함에 단 한 번도 상처받지 않는 건 불가능한 일일 것이다. 조지타운 대학교 경영대학원 크리스틴 포래스Christine Porath 교수는 이와 관련한 연구를 진행했다. 그녀가 2016년 〈하버드 비즈니스 리뷰〉에서 밝힌 연구에 따르면 지난 20년 동안 노동자 수천 명을 대상으로 조사한 결과 응답자의 98%가 무례한 행동을 직접 경험했다고 한다. 응답자의 99%는 무례한 행동을 목격한 것으로 나타났다. 또한 2011년 응답자의 절반은 적어도 일주일에 한 번꼴로 매우 심한 대우를 받았다고 답했다.

무례한 사람을 겪어봤다면 그 경험을 극복하는 것이 얼마나 힘든지 잘 알 것이다. 존재에 대한 무시를 참는 것만큼 견디기 어려운 일도 없다. 게다가 무례하고 폭력적인 말은 언제 어디서 우리를 공격해올지 모른다. 우리가 이런 공격에 제대로 대응하지 못하는 가장 큰 이유이기도 하다. 느닷없이 날아오는 펀치에 무방비로 쓰러진 경험은 자존감을 뒤흔들고 자아를 고갈시킨다. 신경과학 연구에 따르면 실제로 강렬한 감정의 기억은 더 쉽게 더 자주 떠오르는 것으로 밝혀졌다. 그래서 계속 그 일을 돌이켜보게 되고 우리가 앞으로 나아가지 못하게 막는 장애물이 된다. 무례함이 반복될수록 우리의 불안감은 커지고 자존감은 떨어지며 점차 무력해진다. 언제 어디서 날아올지 모르는 공격에 대비하기 위해 우리는 무례함에 대응할 기술 몇 가지 정도는 익혀둘 필요가 있다.

먼저 나쁜 말과 행동으로 다른 사람을 통제하려 드는 사람의 속마음을 들여다보자. 그들은 자신이 상대를 지배하지 못한다고 느끼면 '나를 무시하는 건가?'라고 생각한다. 자신감이 없기 때문에 무시 당할까봐 걱정하고 불안해한다. 자신의 입지가 위협받을 수도 있다는 두려움에 심한 말로 상대를 깎아내린다. 상대가 자신에게 휘둘리는 모습에서 자신의 가치를 확인하고 안도한다. 마키아벨리는 "인간은 공포심과 증오 때문에 과격해지는 것이다"라고 말했다. 즉 그들의 공격은 마음속 공포에서 나오며 그들의 막말은 두려움의 표현이다. 그들은 불안하기 때문에 잘난 체하며, 자존감이 낮아서 고압적인 태도를 취하고 상대를 무시한다. 그들은 자신이 우위에 있다고 과시하고 싶은 나머지 집요하게 상대를 몰아세운다. 이렇듯 다른 사람을 지배하고 복종시키고 싶어 하는 심리의 밑바닥은 다름 아닌 나약함이다.

따라서 공격을 당했을 때는 그가 저급한 수법을 쓰고 있다는 사실을 스스로 깨닫게 해주면 된다. 그러기 위해서는 위에서 내려다보고 있는 듯 여유로운 모습을 보이며 마치 상대의 머릿속을 꿰뚫어 보고 있는 듯한 인상을 주어야 한다. 이제 우리는 나쁜 행동의 뿌리를 알게 되었으니 그들의 공격에 당황하지 않아도 된다. 어린아이가 떼를 쓰며 소리친다고 그 아이를 두려워하는 사람은 없다. 그 행동의 이유를 알기 때문이다. 중요한 것은 자신의 공격에 우리가 쩔쩔맬 것이라는 그들의 예상을 깨고 의도에 말려들지 않는 것이다.

공격하는 사람을 대응할 때는 두 가지만 기억하자. 첫째, 상대의 심리를 파악한 듯 여유로운 태도와 표정을 끝까지 유지한다. 둘째, 무례한 말의 초점을 상대에게 옮겨 그 작전에 걸려들지 않았다는 의미의 선을 긋는다. 무례한 사람에게 '너'라는 주체를 분명히 밝히고 이야기하는 것과 같은 맥락이다. 누가 어떤 말을 하든지 거울 방패로 막아 반사해 버리면 결국 그것은 상대에게 돌아간다. 받아들이지 않으면 나와는 상관없는 말일 뿐이다. 그리고 무례한 말의 초점을 상대에게로 옮기는 구체적인 실천 방법은 세 가지로 나눠볼 수 있다. '침묵하기', '질문하기', '딴소리하기'다.

침묵하기

정말로 무례하고 공격적인 말에는 굳이 대답해줄 필요도 없다. "그런 얘기에는 대답하고 싶지 않습니다" 같은 말도 필요 없다. 이마저도 결국은 시비를 거는 상대에게 반응해주는 것이 된다. 상대가 던진 미끼를 덥석 물고 끌려다니지 않아야 한다. 누군가 비꼬는 말로 괴롭히려 들 때도 침묵은 좋은 대처가 된다. 그저 태평한 모습을 보여줌으로써 상대가 공격하는 데 흥미가 떨어지도록 하는 전략이다. 이때도 중요한 것은 여유로운 모습을 잃지 않는 것이다. 약이 올라 잔뜩 화가 난 표정으로 침묵하는 것은 상대가 원하는 반응을 그대로 보여주는 것이다.

"너는 참 운도 좋아. 갑자기 고속도로를 탔네."

"팀장과 절친이라 좋겠어."

B는 같은 부서의 선배가 계속 이런 식으로 비꼬고 빈정거려 어

떻게 해야 할지 고민이다. B는 실적이 좋아 상사의 인정도 받고 있으며 최근 연봉도 올랐다. 그 선배의 마음속에는 선망과 조바심이 공존한다. 자신보다 잘 나가고 행복해 보이는 사람을 보면 배가 아프다. 게다가 자신이 선배이니 더욱 봐줄 수가 없다. 후배의 성과를 실력과 노력의 결과로 인정하기 싫은 것이다. 그래서 후배를 깎아내리는 말로 후배의 사기를 꺾고 자신의 자존심을 세우려 한다.

"아, 그런가요?"

이런 사람에게는 부드러운 미소와 함께 이렇게 김빠지는 한마디만 해주고 침묵하면 된다. 이 한마디는 '당신 말에 전혀 신경 쓰지 않아요'라는 표현으로 충분하다. 선배는 후배가 자신의 말에 상처받는 모습을 보며 마음의 평안을 찾고 싶어 한다. 그러니 그 기대에 부응해주지 말라는 것이다. 아예 아무 말도 하지 않고 어깨를 으쓱하며 '글쎄요?'라는 표정을 짓는 것도 괜찮다. 또는 '내가 좀 잘 나가죠?' 하는 표정으로 여유롭게 살짝 웃어주는 것도 현명한 방법이다.

질문하기

질문으로 무례함에 대처하는 방법은 다양한 상황에서 적용이 가능하다. 이 전략을 쓸 때는 모든 이야기의 중심을 상대에 두어야 한다. 나 자신은 상대의 나쁜 말과 상관없는 것처럼 모든 근거는 상대가 설명하도록 만들어야 한다. 예를 들어 "네 실력으로는 그 일을 못해"라는 말을 들었다. 이때 "저 실력 되거든요! 왜냐하면…" 이라고 발끈해선 안 된다. 그러면 상대의 나쁜 말에 계속 변명해야 하기 때문이다. 이럴 때는 "그럼 얼마나 실력이 있어야 그 일을 할 수 있다고 생각하세요?"라고 되물어보자. 그러면 이제부터 자신의 말을 증명해야 하는 것은 상대의 몫이 된다.

"나 없으면 넌 아무것도 아니야" 같은 어처구니없는 말을 들었을 때는 이렇게 말할 수 있다. "그 말은 네가 생각해도 어이없지?" 이때도 여유로운 미소가 핵심이다. 혹은 "그렇게 생각하는 이유가 뭐야?"라고 묻는 것도 좋은 방법이다. 상대가 자기주장에 대해 근거를 말하면 또다시 "그건 무슨 뜻이지?"라고 묻는다. 결국 점점 더 구체적으로 설명하느라 진땀을 흘려야 하는 쪽은 상대가 된다. 자신이 놓은 덫을 스스로 처리해야 할 입장이 되는 것이다.

잘난 척하고 싶어 상대를 무시하는 말을 일삼는 사람에게는 그 말을 그대로 반복해주자. 간단한 방법이지만 무례한 상대를 긴장시킬 수 있다. "너는 참 일머리가 없어"라는 말에는 "일머리가 없다니 그게 무슨 뜻이죠?"라고 되묻는 것이다. "어디서 그런 옷을 샀어?"라는 말에는 "그런 옷이라니, 무슨 뜻이에요?"라고 하면 된다.

또는 정말 궁금하다는 표정으로 "무슨 뜻인지 진짜 몰라서요. 알려주세요"라고 묻는 것도 좋다. 상대에게 보내는 질문에는 '그 정도 말에 나는 상처받지 않아'라는 진짜 뜻이 숨어 있다.

딴소리하기

"너 자신을 좀 돌아봐. 요즘 잘나가는 것 같다고 거만하게 굴다간 큰코다쳐."

"맞는 말씀입니다. 그런데 여기엔 무슨 일로 오셨죠?"

모욕적인 말로 함부로 도발하는 상대와의 대화에는 굳이 머무를 이유가 없다. 이런 식으로 과감히 말을 끊고 전혀 다른 화제를 꺼내자. 완전히 엉뚱한 말이어도 상관없다. 이때 상대가 윗사람이라면 뉴스나 날씨 같은 무난한 이야기가 좋다. 친구나 동료라면 내가 하고 싶은 이야기의 주제를 꺼내면서 수월하게 넘어갈 수 있다. 이를테면 다음과 같이 말하는 것이다.

"아, 그런데, 오늘 뉴스를 보니까요…", "그건 그렇고, 지난주 개봉한 그 영화 봤어?"

무례한 사람들은 다른 사람에게 상처를 주며 자신의 존재를 확인받으려는 얕은 수법을 쓴다. 하지만 누군가 나쁜 말로 자꾸 나를 휘두르려 해도 내가 넘어가지 않으면 그만이다. 상대의 말이 나를 공격할 수 없도록 화제를 다른 방향으로 돌리는 전략을 기억하자. 그러면 나쁜 의도에 걸려들지 않으면서 친절하고 예의 바르게 무례한 대화에서 빠져나올 수 있다. 그리고 마음속으로는 웃으며 이렇게 말해주자. '당신이 내가 부러워서 그러는 걸 잘 알고 있어요.' 이것이야말로 보다 세련되게 상대를 이기는 방법이다.

Check Point

[1] 무례한 말과 행동의 뿌리는 자존감 부족과 두려움이다.

[2] 나쁜 의도에 걸려들지 않으면서 문제의 초점을 상대에게 돌리자.

30___ 나를 알면 함부로 상처받지 않는다

삶에서 가장 힘든 것이 무엇이냐는 질문에 많은 사람들이 인간관계라고 답한다. 그리고 그 관계를 만들고 결정짓는 도구인 대화는 매번 우리에게 도전을 안겨준다. 어찌나 스트레스인지 가끔은 친구와 '아무도 없는 곳에 혼자 살면 편할까?'라는 얘기도 해본다. 말도 안 되는 생각이라는 것쯤은 알지만 이렇게라도 스트레스를 곱씹어 없애보고 싶을 때가 있다. 하지만 삶은 우리에게 끊임없이 관계와 대화에서의 도전과제를 던져준다.

10년 차 마케터인 J는 이직 문제로 고민이다. 오래전부터 가고 싶었던 회사에서 높은 연봉으로 스카우트 제의를 해왔기 때문이다. 당연히 기쁜 마음으로 이직을 결심했다. 하지만 상사에게 어떻게 이야기를 꺼내야 할지 모르겠다. 너무 두려워서 며칠 동안 입맛도 없고 제대로 자지도 못했다. 다른 사람들이 보기에는 J가 이렇게 걱정하는 모습이 잘 이해되지 않는다. 회사에 큰 잘못을 한 것도 아니고 그저 본인의 성취에 마음껏 기뻐해야 마땅한데 말이다.

J의 이야기는 이렇다. "이직한다고 말하면 상사는 분명히 내가 배은망덕하다고 생각할 거야. 상사가 10년 동안 나한테 정말 잘해줬잖아. 그동안 적극적으로 밀어주고 키워줬는데 결국 자기 욕심만 좇아가버린다고 욕하겠지. 근데 사실 내가 이기적인 건 맞는 것 같아."

J는 상사가 실망해 자신을 나쁜 사람으로 여길 것이 두려웠던 것이다. 그리고 자신이 생각해도 본인이 이기적인 것 같아 우울하고 괴롭다. 그렇다. J의 고민과 괴로움은 상사와의 문제가 아니라 자신의 내부에서 시작됐다.

돌이켜보면 우리가 가졌던 관계와 대화의 스트레스는 이런 모습일 때가 많았다. 자신에 대한 이해가 부족했기 때문이다. 남들과는 대화를 통해 서로 이해하려 애써왔으면서도 정작 자신과의 대화에는 소홀했다. 한번 생각해보자. 나는 어떤 사람이고 어떻게 살아왔는지 어떤 가치를 중요하게 여기며 무엇을 원하는지. 자신을 이해하지 못한 상태로 남과 제대로 소통한다는 것은 불가능하다. 그리고 이것이 자신과의 대화로 스스로를 바로 보려는 노력이 모든 대화에 앞서 이루어져야 하는 이유다.

J의 심리는 미국 심리학자 토리 히긴스Tori Higgins의 '자기 불일치 이론self-discrepancy theory'으로 설명할 수 있다. 이 이론에 따르면 인간은 세 종류의 자기개념을 갖고 있다. 첫 번째는 자신의 실제 모습에 대한 생각인 '실제 자기'다. 두 번째는 '이상적 자기'로 말 그대로 자신이 되고 싶어 하는 모습을 말한다. 세 번째 자기개념은 자신이 의무를 갖고 어떤 모습이 되어야만 한다고 믿는 '당위적 자기'다. 그래서 실제 자기, 이상적 자기, 당위적 자기가 다를 때 '자기 불일치'가 나타난다.

실제 자기와 이상적·당위적 자기가 다를 때 우리는 실망과 무력감을 느낀다. 예를 들면 이렇다. '나는 내가 바라는 만큼 외모가 멋지지도 않고 능력도 부족해서 실망스럽고 우울해.' '나는 더 좋은 부모가 되어야 하는데 그렇지 못해 죄스럽고 나 자신이 싫다.'

J가 상사에게 이직을 알리기 두려웠던 이유를 생각해보자. 그것은 자신의 행동이 후배로서 의리를 지켜야 한다는 당위적 자기에서 벗어나기 때문이다. 또 상사에게 인정받고 사랑받고 싶은 이상적 자기에서도 멀어질 가능성이 많아 보인다. 누군가에게 상처를

주면서도 그가 나를 여전히 좋아하길 바라는 마음은 죄가 아니다. 하지만 다른 사람의 감정은 지배할 수 없고 또 그렇게 하려 해서도 안 된다.

모든 사람은 실제 자기와 이상적 자기 사이에 차이가 존재한다. 그리고 이런 차이는 자신을 좋은 방향으로 이끌어가는 동력이 되기도 한다. 하지만 자기 불일치에서 많은 사람들이 심리적인 문제를 겪는다. 그리고 그 차이가 클수록 자신의 정체성이 흔들리는 경험을 한다. 그러므로 실제 자기를 명확하게 아는 것이 중요하다. 자신과의 대화를 통해 실제 자기를 또렷이 볼 수 있을 때 자기 불일치의 차이를 줄일 수 있다. 사람들이 상처받는 이유가 실제 자기를 잘 몰라서 타인과 비교하며 흐릿하게 보기 때문이다. 게다가 많은 사람들이 자신을 실제보다 과소평가하는 경향을 갖고 있다.

실제 자기를 제대로 파악해야 하는 또 다른 이유는 이상적 자기와 당위적 자기를 제대로 설정하기 위해서다. 자신에 관한 이해가 부족하면 부모나 가족, 사회의 요구에 맞춰 이상적 자기를 만들기 쉽다. 또한 이렇게 결정한 이상적 자기를 자신의 신념으로 착각해 여기에 맞춰 행동하게 된다. 실제 자기 개념이 분명하지 않아 자기 불일치의 정도를 과장되게 인식하는 것도 문제다. 하지만 다른 사람의 가치를 자신의 이상적 자기로 받아들이는 것이 더 큰 문제다.

나는 무엇을 좋아하는지 무엇을 이루었는지 무엇을 가졌는지 하나하나 적고 떠올려보자. 끊임없이 나 자신에게 묻고 대답하며 대화를 시도해보자. 나의 실제가 점점 선명해질수록 자기 불일치로 일어나는 내면의 지진이 잦아들 것이다. 자신을 제대로 보지 못해 주변 상황에 흔들리다 보면 언제나 불안하다. 불안은 좋은 대화와 관계에 치명적인 훼방꾼이다. 나의 정체성을 찾고 지킬 수 있을 때 비로소 우리는 흔들리지 않는 법을 배운다. 무례한 사람이 막말을 해도 내 정체성을 잘 지키고 있으면 함부로 상처받지 않는다.

자신과의 대화를 통해 실제 자기, 즉 정체성을 찾고 지켜나가려 할 때 기억해야 할 것이 있다. 흑백논리에서 벗어나야 한다는 것이다. 하버드 로스쿨 교수 더글러스 스톤은 정체성을 약화하는 최대 원인은 흑백논리의 사고라고 말한다. 이것의 가장 큰 위험성은 자신에 대한 피드백에 지나치게 예민하게 반응함으로써 정체성을 극도로 불안정하게 만드는 데 있다. 흑백논리는 자신에 대해 단 한 가지 부정적인 이야기를 들었을 뿐인데도 정체성 전체에 타격을 준다. 예를 들어 업무상 실수로 질책을 받았다고 하자. 그런데 하나가 틀리면 전체가 틀렸다고 생각하는 흑백논리에 빠져 있다면 이런 생각을 가질 수 있다. '나는 완전히 패배자야. 내 인생은 왜 이 모양일까?' 빠른 속도로 터널을 지나갈 때면 출구만 동그랗

게 밝게 보이고 주변은 온통 깜깜해 아무것도 보이지 않는다. 흑백 논리를 갖고 있을 때도 그렇다. 당장 눈앞의 한 가지 문제만 보느라 전체를 보는 판단력을 잃어버리는 심리적인 터널 시야를 갖게 되는 셈이다.

나는 개그우먼 박나래가 어느 강연에서 전한 자존감에 대한 이야기를 매우 인상 깊게 들었다. 그녀는 직업상 타인에게 평가받는 일이 많다. 자신을 무시하는 말을 들으면 자존감이 낮아지지 않느냐는 질문에 그녀는 이렇게 대답했다. "개그우먼 박나래, 여자 박나래, 디제잉하는 박나래, 술 취한 박나래가 있다"라고. 누군가 자신을 비난해도 "괜찮아. 난 디제잉하는 박나래가 있으니까"라고 생각한다고 말이다. 그녀의 말처럼 우리 모두는 여러 정체성을 갖고 있다. 자신의 정체성을 적극적으로 다각화하면 흑백논리에서 벗어나 스스로를 지킬 수 있다.

독일의 의학박사이자 저널리스트인 베르너 바르텐스Werner Bartens는 자신과의 공감능력이 마음의 저항력을 높일 수 있다고 말했다. 자신을 알고 이해하는 것이 마음의 면역을 높인다는 뜻이다. 그동안 우리는 이상적 자기와 당위적 자기를 만들어가는 것이 중요하다고 생각해왔다. 반면 실제 자기에 대해서는 미처 관심을 가지지 못했다. 정체성이 자주 흔들리면 삶의 균형을 잃는다. 다른 사람과의 건강한 대화도 긍정적인 관계 맺기도 어려워진다. 무엇보다 중요한 것은 자신과의 대화라는 사실을 잊지 말자.

Check Point

[1] 정체성이 흔들리지 않아야 건강한 관계를 이룰 수 있다.
[2] 자신과의 대화로 실제 자기를 찾고 흑백논리에서 벗어날 때 정체성을 지킬 수 있다.

6부

같이 일하고 싶은 사람의 대화법

31___ 오늘도 고집불통인 팀장과 일하는 팀원을 위한 말하기

우리나라의 한 취업 포털에서 직장인 434명을 대상으로 직장의 부서 내 커뮤니케이션에 관해 조사했다. 응답자의 66.8%가 이성 상사와의 커뮤니케이션이 어렵다고 대답했으며, 그 뒤를 이어 동성 상사(17.3%), 동성 동료(5.3%), 동성 후배(4.6%), 이성 동료(3.2%), 이성 후배(2.8%) 순으로 집계됐다. 무려 전체의 84.1%가 직장에서 상사와 대화하기 어렵다고 대답한 것이다. 이처럼 업무와 상관없는 일상적인 내용이라도 상사와 나누는 대화는 스트레스로 다가올 수 있다. 권력과 수직적인 상하 관계가 존재하기 때문에 자신도 모르는 사이 지나치게 조심스러워지거나 움츠러드는 것이다. 게다가 평소 관계가 매끄럽지 않은 상사라면 더욱 어렵다.

그런데 모든 대화에서 우리가 꼭 기억해야 하지만 쉽게 간과하는 사실이 있다. 대화의 상대가 누구든 나와 같은 인간이라는 점이다. 상사도 마찬가지다. 우리나라에 인도의 카스트 같은 신분제도가 존재하는 것도 아니고, 상사라고 해서 따로 받게 되는 특별한 대우가 있는 것도 아니다. 그들 역시 '나는 과연 신뢰받는 상사일까?'라는 생각으로 불안해하는 평범한 인격체일 뿐이다. 따라서 상사의 감정을 긍정적이고 편안한 방향으로 움직인다면 그 뒤에 이어질 대화는 어렵지 않다.

감정을 움직이는 5가지 욕구는 인정, 친밀감, 자율성, 지위, 역할이다. 이 중에서도 인정은 가장 강력한 욕구다. 상사에게도 인정받고 싶다는 마음이 있으며, 부하에게 인정받으면 기분이 좋아진다. 그러니 상사의 지위에 대해 직접 인정하고 표현해주면 당신의 말에 귀 기울여줄 것이다. 직장에서 자주 겪는 상황을 예를 들어 생각해보자.

상사가 팀원들의 의견도 묻지 않고 독단적으로 업무에 관한 결정을 내리고 뒤늦게 통보한 상황이다. 이때 "팀장님, 왜 그런 결정을 하신 거예요? 저는 이해가 잘 안 돼요"라고 말한다면 상사의 반응은 뻔하다. 그에게는 이 말이 건설적인 질문으로 들리지 않는다.

그저 자신에 대한 도발이라고 느낄 것이다. 상사와 불화를 만드는 게 목적이 아니라면 이런 식으로 일의 앞뒤 상황이나 사정은 고려하지 않고 따지듯 말하는 것은 좋지 않다. 그보다는 이렇게 말해보자. "팀장님께서 우리 팀을 위해 엄청나게 고군분투하신다는 것 잘 알고 있습니다. 저는 팀장님의 결정이라면 어떤 것이든 믿고 지지합니다. 다만 저는 팀장님께서 ○○○에 대해서도 알고 그러한 결정을 하신 건지 궁금합니다." 자신의 결정권을 존중받은 상사는 훨씬 수용적이고 너그러운 모습을 보일 것이다.

마감 시간을 맞추지 못했다고 야단을 치는 상사에게는 어떻게 말해야 좋을까? "팀장님이 금요일 오후에 지시하셔서 그런 겁니다. 원래 하던 업무도 아직 남아 있는데 누가 그걸 3일 만에 끝낼 수 있겠습니까?" 아무리 맞는 말이어도 이건 싸우자는 말로밖에 들리지 않는다. 같은 내용이라도 어떻게 포장하느냐에 따라 상대는 완전히 다른 내용으로 받아들인다. "다시는 이런 일이 없도록 최선을 다하겠습니다. 그리고 앞으로 복잡한 일은 좀 더 여유 있게 시간이 확보되면 일의 완성도에 도움이 될 것 같습니다. 5일 전쯤 지시를 받으면 새 업무를 하면서 기존 업무도 잘 처리 할 수 있을 겁니다. 지시 시점을 어느 정도나 당길 수 있을지 모르겠지만요. 팀장님 생각은 어떠세요?" 상사에게 책임을 떠넘기는 듯한 말투 대신 차분하게 더 나은 업무 방식을 제안했다. 무엇보다 자신의 잘못을 인정하면서 '그리고 대화법'을 활용한 부분을 기억하자. 또한 상사의 의견을 물어봄으로써 문제의 결정권을 상사에게 넘겨 그의 역할을 존중했다. 상사의 입장에서는 이런 말이 무턱대고 반항하는 게 아니라 자신과 함께 문제를 해결해보고 싶다는 의미로 들린다. 이런 상황에서는 열린 태도를 보일 수밖에 없다.

상사가 자존심이 강하고 까다로운 편이라고 해서 좌절할 필요는 없다. 오히려 이런 상사와의 대화는 그리 어렵지 않다. 자존심 세우기를 좋아하는 사람은 다른 사람의 시선에 예민하고 쉽게 상처받는다. 대신 인정받고 싶은 욕구가 채워지면 금세 무장 해제된다. 이들에게는 이렇게 이야기를 시작해보자. "저는 팀장님께서 이 분야에 가장 능통하신 걸로 알고 있습니다." 상사의 태도가 한결 부드러워질 것이다.

지금까지는 상사에게 무언가를 요구할 때의 대화 방식에 관해 알아봤다. 하지만 무엇보다 난감한 것은 상사의 지시를 거절해야 하는 상황이다. 직접 말하기가 두려워 대답은 머뭇거리며 비언어 메시지로만 열심히 외친다. "내일 오전까지 보고서 제출하세요"라는 말에 잔뜩 못마땅한 표정만 짓는다. '제 표정 보면 모르세요? 제발 그 지시는 취소해주시죠'라고 말이다. "내일 오전까지는 무리입니다"라는 말은 꺼내지도 못한다. 여기서 더 큰 문제는 상사가 이미 내 표정을 읽어버렸다는 사실이다. 원하는 것은 얻어내지도 못한 채 신뢰만 깎였다.

"김 대리, 내일까지 매출 분석 자료를 제출해야 돼서 말이야. 나 좀 도와줘." 상사가 일을 부탁할 때 어떻게 대답하면 좋을까? "그건 제 담당 업무가 아닌데요"라고 솔직히 딱 잘라 거절하는 게 좋을까? 이런 부하 직원과 같이 일하고 싶은 사람은 세상에 아무도 없다. 이런 경우 현명하게 말하는 사람들은 거절 뒤에 반드시 긍정적인 말을 덧붙인다. "제가 오늘 저녁에는 약속이 있어서요. 혹시 내일 아침 일찍 출근해서 도와드려도 될까요?" 상대의 분노를 일으키지 않으면서 거절하는 방법이다. 가끔 납득하기 힘든 지시를 하는 상사가 있다. 시키는 대로 하자니 시간 낭비 같고 대놓고 거절하자니 예의가 없는 것 같다. 이럴 때는 부드러운 목소리로 상사의 말을 따라 해보자. '따라 하기' 기술은 상대와 라포를 쌓을 때도 유용하지만 무례한 사람을 대처할 때도 효과적이다. 다만 어떤 말투로 따라 하느냐에 따라 상대에게 다른 영향을 미친다. 상사의 불필요한 지시에 대응하고 싶을 때는 반드시 부드러운 목소리로 말해야 한다.

예를 들어보자. 상사가 한 프로젝트를 끝내면서 모든 관련 자료를 인쇄해 놓으라는 지시를 내렸다. 엄청난 분량이어서 편집부터 인쇄까지 많은 시간이 걸릴 것이다. 게다가 인쇄한 자료를 보관할 공간도 마땅치 않다. 컴퓨터 파일로만 보관해도 충분한데 왜 인쇄를 하라는 건지 모르겠다. 게다가 그 일을 하려면 더 중요한 다른 일을 할 수 없게 된다. 이때 따지듯 "자료 보관할 공간도 없는데 꼭 그렇게 해야 되나요?"라고 말한다면 상사는 바로 반감을 드러낸다. 그냥 시키는 대로 하라고 고압적인 태도를 보일 확률이 높다. 그래서 따라 하기 기술이 필요하다. "팀장님, 관련 자료를 모두 인쇄하라는 말씀이시죠?" 일단 상사의 말을 충분히 존중한다는 의미가 전달된다. 상사는 이유를 설명할 것이다. "고객들이 자료를 보여 달라고 할 수 있거든." 그럼 이 말을 또 따라 한다. "아, 고객들이 자료를 보여 달라고 요청할 수도 있어서군요. 이해가 됐습니다. 설명해주셔서 고맙습니다." 여기까지만 해도 상사는 이미 당신을 이해할 준비가 되었다. 그럼 이제 진짜 목적을 이야기할 타이밍이다. "팀장님, 죄송하지만 한 가지만 더 여쭤보고 싶습니다. 인쇄한 자료는 어디에 보관할까요? 자료실에는 더 이상 자리가 없거든요." 상사는 곧 자신의 지시를 거둘 것이다.

상사처럼 큰 권한을 가진 사람과의 대화가 어렵게 느껴지는 것은 당연하다. 하지만 그들 역시 나와 같은 감정을 지닌 사람이다.

그렇기에 모든 대화의 성패는 권력의 크기가 아니라 얼마나 상대를 공감해주느냐에 달렸다. 인정받고 싶고 부하와 신뢰를 쌓고 싶어 하는 상사의 감정과 생각에 관심을 갖자. 아주 작은 한 번의 마중물만으로도 상사의 마음이 열리기 시작할 것이다.

Check Point

[1] 그들은 모두 상사이기 전에 평범한 인격체다.

[2] 상사의 감정을 배려하면 두 사람의 거리는 서서히 좁혀질 것이다.

32___ 오늘도 미움받는 팀장을 위한 말하기

나보다 직장에서의 지위가 낮다고 해서 그들과 쉽게 관계를 맺고 유지할 수 있는 것은 아니다. 괜히 말 한마디 잘못했다가 꼰대라고 생각하면 어쩌나 걱정되고, 한마디만 꺼내도 싫은 표정을 보이는 것 같아 불안하다. 그래서 차라리 최대한 말을 안 하기로 다짐했다는 어느 관리자의 말이 이해가 가기도 한다. 그렇지만 무인도에 사는 것도 아닌데 대화를 안 할 수도 없는 노릇이다. 아랫사람과 이야기할 때도 대화의 기본 원칙은 같다. 감정에 신경 쓰고 판단의 말을 자제하며 '나'로 시작하는 문장을 쓰는 것 등 말이다. 여기에 불균형할 수밖에 없는 관계의 특성을 이해한다면 더 나은 대화의 길을 곧 찾게 될 것이다.

칭찬의 효과는 이미 널리 알려져 있다. 칭찬과 격려가 부하 직원의 역량을 끌어낸다는 수많은 연구 결과가 이를 입증한다. 그런데 막상 칭찬을 하려고 하니 이 또한 부담스럽다. 칭찬을 위한 준비 과정이 또 다른 숙제처럼 느껴지기 때문이다. '무슨 칭찬을 어떻게 해야 하지?' 어렵게 생각하지 말고 긍정적인 말을 습관화하자. 평소의 대화에서 잘한 부분을 먼저 찾아 말해주는 것이다. 간혹 부하 직원의 부족한 점만을 찾아 말해주는 것을 상사의 역할이라고 여기는 사람이 있다. 이들은 단점을 찾느라 장점은 잘 보지 못한다.

"구체적인 내용이 부실하잖아. 다시 해서 가져와." 부하 직원이 가져온 서류를 확인할 때 이렇게 말하지 말고 먼저 장점을 언급하자. "기획 아이디어가 좋네. 좀 더 구체적으로 설명하면 좋겠어." 어떻게 말하는 상사가 더 신뢰받고 부하 직원의 능력치를 끌어올릴지 분명히 보인다. 큰 칭찬 거리를 찾을 것 없이 "바빴을 텐데 시간 내에 잘 마무리했네" 같은 말도 좋다. 그마저도 힘들다면 "오늘 표정이 밝아 보여 좋네"라고 말하자. 좋은 말로 시작하면 대화는 그 방향을 따라 흘러간다.

직장에서 생기는 오해 중에는 업무 지시와 관련된 것이 많다. 특히 다음과 같이 지시를 내리면 의사소통이 잘못될 가능성이 매우 높다. "마무리만 잘해놔." "좋은 결과가 나오도록 판단하면 돼." "전체적인 분위기는 알아서 해주세요." 애매모호하게 말해놓고 정말 알아서 해오면 "이게 아니잖아!"라고 한다. 부하 직원의 입장에선 속상하고 억울하고 의욕이 꺾인다. 내 머릿속 생각이 다른 사람의 머리에도 똑같이 들어있을 거라는 편한 착각은 소통을 막는다. 따라서 업무 지시는 명확하고 구체적으로 표현해야 한다. "마무리만 잘해놔"라고 하지 말고 "행사에 필요한 부분들은 모두 결정됐어. 다시 한번 변동사항 없는지 확인하고 고객 명단 정리해서 마무리 잘 해줘"라고 말하자. 정확히 어떤 업무를 해야 할지 제대로 알려주고 일의 진행 상황도 설명해주는 게 좋다. 지시받는 입장에서는 업무에 대한 이해가 높아질수록 나은 판단을 내릴 수 있다.

하루 중 상사와 부하의 대화가 가장 많이 이루어지는 때는 회의시간이다. 이때 상사에게는 회의를 보다 의미 있는 방향으로 이끌어야 한다는 역할이 주어진다. 하버드 대학교 교육대학원의 로버트 케건Robert Kegan 교수는 회의 분위기와 내용을 긍정적으로 바꾸고 싶다면 지속적으로 관심의 말을 사용하라고 말한다. 구체적인 실천 방법은 모든 회의를 감사의 말로 시작하는 것이다. 공식적인 자리에서 그런 말을 한다는 게 조금 닭살스럽기도 하지만 케건 교수는 관심의 말이 직장을 변화시킨다고 주장한다. 본격적으로 회의를 시작하기 전에 감사를 표현할 시간을 가지면 직장에서 서로가 중요한 사람이라는 것을 깨닫게 된다. 이는 경직된 분위기를 자연스럽게 풀어주고 각자의 잠재력을 깨운다. 한마디로 경쟁적인 분위기에서 격려의 분위기로 바뀌는 것이다.

이때는 상사가 직접 나서서 직원들에게 감사의 말을 하지 않는 것이 중요하다. 상사의 역할은 대화의 장을 만들어주는 것이다. 오히려 상사가 주도적으로 직원들에게 감사나 칭찬의 말을 하면 왠지 지시처럼 들릴 때가 있다. 직원들은 상사가 당근을 던져주며 교묘하게 조련한다고 느낄지도 모른다. 따라서 상사가 해야 할 일은 회의 시간에 '감사 타임' 같은 공적인 채널을 열어주는 것이다. 모두가 바쁘게 일하다 보면 동료에게 감사를 전하고 싶은 마음이 생겨도 기회를 놓치기 쉽다. 이는 조직 차원에서도 큰 손실이다. 감사를 전할 자리가 만들어지면 직장을 더 고무적인 분위기로 만들 기회를 잡을 수 있다.

부하들이 소통할 수 있는 환경을 만들어준 뒤 상사는 회의를 할 때도 가급적 뒤로 빠져 있는 것이 좋다. 《넛지》의 저자인 하버드 로스쿨의 캐스 선스타인Cass Sunstein 교수는 이렇게 말했다. "특정한 결론으로 팀원들에게 영향력을 행사하고자 하는 리더의 전략과 훌륭한 의사결정을 하고자 하는 리더의 전략은 다르다." 상사들이 흔히 하는 실수가 있다. "저는 이게 맞다고 생각하는데 여러분의 생각은 어떤가요?"라고 하는 것이다. 이 상황에서 자신의 생각을 자유롭게 이야기할 부하 직원은 몇이나 될까? 부하와 소통하고 싶은 상사라면 자신의 의견을 뒤로 미룰 줄 아는 지혜를 발휘해야 한다.

상사의 말하기는 자신의 역할을 명확히 아는 데서 출발해야 한다. 상사의 말하기에 따라 업무 환경이 달라지고 조직의 잠재력을 일깨울 수도 있다. 부하 직원들이 말을 못 알아듣는다고 탓할 게 아니라 내가 제대로 말했는지를 돌아보자. 상사는 직원들보다 먼저 말하는 사람이 아니라 회사라는 언어 공동체의 리더임을 기억해야 한다.

Check Point

[1] 좋은 말로 시작하는 습관을 기르자.
[2] 상사의 역할은 대화를 주도하는 것이 아니라 대화의 장을 만드는 것이다.

33___ 우리는 피드백에 대해 잘 알고 있을까?

방송을 처음 시작하던 사회 초년생 시절이었다. 수습 기간이 지나 정식으로 프로그램을 맡게 된 설렘은 잠깐뿐 첫 방송의 결과는 처참했다. 너무 긴장한 나머지 말은 빨라지고 표정은 어색하고 나조차도 보기가 민망할 정도였다. 다음 날 잔뜩 풀이 죽어 출근하니 고참 선배가 나를 불렀다. 선배는 한심하다는 표정으로 말했다.

"지현 씨, (한숨) 진짜 큰일이다, 큰일. 도대체 어쩌려고 그래? 발음이고 발성이고 전부 엉망이야. 내일부터 매일 연습한 거 녹음해서 내 책상 위에 올려놔!"

그러잖아도 자괴감에 빠져 있었는데 부끄러워 견딜 수가 없었다. 모든 사람들이 나에 대해 수군대는 소리가 들리는 것만 같았다. 나는 선배의 말이 맞다고 생각했지만 마음 한쪽에서 선배에 대한 반발심도 생겼다. '선배님도 그렇게 완벽하진 않으신 것 같은데요? 제가 알아서 할게요.' 그 후로 선배와는 계속 서먹했다. 내 입장에서는 무서웠다는 말이 더 정확하다. 선배의 마음을 짐작하게 된 건 한참 뒤의 일이다. 뒤에서 못한다고 욕하고 말아도 될 것을 일부러 시간을 내 가르쳐주려는 마음은 애정이다. 그때 내가 이 사실을 알았다면 감사한 마음으로 피드백을 받고 성장해갈 수 있었을 텐데.

당연한 말이지만 피드백을 잘 받아들이면 많은 것을 배울 수 있다. 인간관계도 긍정적인 방향으로 살찌울 수 있다. 피드백에 귀 기울일 줄 아는 사람에겐 마음이 열리기 때문이다. 늘 열린 자세로 자신을 돌아보는 데 주저함이 없는 사람. 외부의 평가에 쉽게 흔들리지 않는 사람. 모두가 이런 사람과 함께 일하고 싶어 한다. 이런 사람들과는 같이 있는 것만으로도 긍정적 에너지가 샘솟는다. 이를 알기에 피드백이 필요하다는 생각은 한다. 그런데 피드백을 듣고 싶지는 않다. 사람은 자신의 문제를 고치고 부족한 부분을 배워나가고 싶어 한다. 동시에 있는 그대로의 자신을 인정받고 싶은 욕구 역시 매우 강하다. 그래서 피드백을 대할 때 우리는 내적 갈등에 휩싸인다. 피드백을 잘 들어야겠다고 다짐해놓고도 막상 피드백에 계속 귀 기울이기가 힘들다. 피드백을 듣다 보면 자신이 엄청나게 문제가 많은 사람이 된 것 같은 기분이 들어서다. 어느새 이 피드백은 나를 괴롭히고 자존감을 짓밟으려 하는 것이라는 생각까지 하게 된다.

우리가 피드백을 공격이라고 느끼는 가장 큰 이유는 피드백의 내용이 잘못되었다고 생각하는 데 있다. 누군가가 나에게 "넌 너무 불성실한 것 같아. 열심히 좀 해"라고 말했다. 그러면 "난 그런 사람 아니거든. 우리 회사에서 내가 제일 열심히 일해!"라고 발끈하는 것이다. 두 번째 이유는 피드백하는 상대의 태도에 영향을 받았기 때문이다. 상대가 경멸 가득한 표정과 비난의 말투로 피드백하면 '당신이 뭔데 그런 식으로 말해?' 하고 반발심이 먼저 튀어나온다. 세 번째는 피드백에 정체성이 흔들려 심리적 위기를 겪어서다. 이때는 '나는 잘하는 게 하나도 없어'라며 지나치게 자책하고 우울해한다.

내가 첫 방송 후 선배의 피드백에 상처받았던 것은 두 번째 이유 때문이었다. 비난하는 선배의 태도에 압도돼 피드백의 내용은 별로 중요하게 느껴지지도 않았다. 그리고 상처가 자괴감으로 이어져 내가 방송을 다 망쳤다는 생각에 괴로웠다. 나의 경우처럼 피드백에 상처받는 것이 두렵고 기분 나빠 많은 사람들이 피드백을 거부한다. 컬럼비아 대학교 심리학과 교수 케빈 옥스너Kevin Ochsner도 이와 관련한 내용을 밝힌 적이 있다. 그는 사람들이 자신이 받은 피드백 중 30%만을 받아들인다고 말했다.

그럼에도 우리가 피드백을 받아들여야 하는 이유는 그 효과가 놀라울 정도로 크기 때문이다. 아무리 훌륭한 재능을 타고 났으며 대단한 성취를 이룬 사람이라고 해도 피드백 없이는 성장할 수 없다. 인간은 모두 스스로가 보지 못하는 사각지대를 가지고 있는데, 제대로 피드백을 받으면 자신 앞에 놓인 문제를 좀 더 현명하게 해결할 수 있다. 그리고 이는 사람을 성장시킨다.

아툴 가완디Atul Gawande는 모두가 인정하는 뛰어난 외과의사다. 하버드 의과대학 교수이면서 베스트셀러 작가이고 미국의 저명한 시사잡지 〈타임〉이 선정한 세계에서 가장 영향력 있는 100인에 들기도 했다. 늘 완벽한 수술로 정평이 난 그는 어느 날 자신의 실력이 정체되는 것을 느꼈다. 그러고는 생각했다. '이게 나의 최선일까?' 고민 끝에 그는 은퇴한 스승 밥 오스틴에게 코칭을 부탁했다. 밥 오스틴은 그의 수술실에서 수술 과정을 지켜보았다. 수술이 끝났을 때 그는 스승에게 들을 말이 별로 없을 거라 생각했다. 그 정도로 수술이 만족스러웠기 때문이다. 그런데 예상과 달리 밥 오스틴은 글자가 빼곡한 종이를 들고 있었다. 수술 중에 팔이 들리는 문제 등 몇 가지를 지적하며 해결법을 알려주었다. 그에게는 완전히 새로운 깨달음이었다. 그리고 그것은 큰 변화를 만들었다. 2개월의 코칭 기간 동안 그는 실력이 다시 향상되는 것을 느낄 수 있었다. 1년 후에는 합병증 발생률도 감소했다. 자신의 실력이 더 이상 나아지지 않는 것에 불안해하며 고통스러워했던 시간은 그렇게 끝났다.

아툴 가완디는 2017년 TED 강연에서 이렇게 말했다.

"혼자서 하는 데는 여러 가지 문제가 있습니다. 보통 자신 스스로의 문제를 인식하지 못합니다. 만약 인식하더라도 어떻게 그 문제를 개선해야 할지 잘 모릅니다. 그리고 개선을 해나가다가도 중간에 멈추게 됩니다. … 코치는 외부에 위치한 저의 눈과 귀가 되어 보다 정확한 현실을 알게 해줍니다. 본질을 인식해 당신의 행동을 분석하고 바로 세우도록 도와줍니다."

그는 피드백의 놀라운 힘을 경험한 뒤 자신의 분야에서 더 탁월한 전문성을 갖추고 싶다면 코치를 들이라고 조언했다.

피드백은 모두에게 힘겨운 과정이다. 효과적으로 주고받기가 쉽지 않고 잘 못하면 문제가 해결되기는커녕 원치 않는 결과로 이어진다. 좋은 의도로 시도했지만 서로 관계만 불편해지기도 한다. 하지만 그동안 우리는 피드백이 왜 어렵게 느껴지는지에 대해서는 많이 고민해 보지 않았다. 피드백이 위협적으로 느껴지는 원인을 파악한다면 더 이상 이를 피하지 않아도 될 것이다. 피드백의 힘을 긍정적인 방향으로 활용할 때 자신이 원하는 성장이 가능하다는 사실을 기억하자.

Check Point

[1] 피드백이 위협으로 느껴지는 원인을 파악하면 더 적극적으로 피드백을 수용할 수 있다.

[2] 오롯이 혼자서 성장할 수 있는 사람은 없다.

34___ 일 잘하는 사람은 피드백이 다르다

"부하 직원에게 뭘 어떻게 말해야 할지 모르겠어요."

"괜히 갑질한다는 소리나 들을까봐 걱정돼요."

"솔직히 너무 바빠서 부하 직원 가르칠 시간이 없어요."

피드백을 주는 것도 여간 힘든 일이 아니다. 좋은 상사로만 남고 싶어 피드백이 필요한 상황에서 눈감고 지나가기도 한다. 알아서 나아지길 바라보지만 시간이 가도 문제는 해결되지 않는다. 도저히 안 되겠다 싶어 이야기를 꺼냈더니 직원들은 반항하거나 건성으로 듣는 척만 한다. 이런 이유로 피드백을 하는 것에 강한 반감과 부담감을 가진 사람들이 많다.

피드백을 보다 효과적으로 전하기 위해서는 우리가 알아야 것들이 있다. 첫 번째는 피드백을 실천으로 옮기고 개선하려는 노력은 결국 상대의 몫이라는 점이다. 두 번째는 완벽히 상대의 입장을 이해하고 피드백하는 것은 불가능하다는 사실이다. 세 번째는 자신의 생각과 편견이 피드백에 개입될 수 있음을 인정해야 한다는 것이다. 그러면 양쪽 모두 상황에 더 잘 맞도록 피드백을 유연하게 제시하고 수정할 수 있다.

많은 사람들이 피드백을 할 때 상대가 기분 나쁘게 듣지 않을 방법을 고민한다. 그런데 피드백의 내용이 부정적이라면 이 고민은 쉽게 해결되지 않는다. 상대에게 모진 말을 공손하게 한다고 해서 그 내용이 바뀌지는 않기 때문이다. 하지만 우리가 회사에서 피드백을 주고받는 궁극적인 목적은 성장하고 더 나은 성과를 내는 데 있다. 우리가 긍정적인 감정 상태일 때 지속적으로 뛰어난 성과를 낸다는 사실은 이미 수많은 연구로 증명됐다. 그렇다면 피드백을 받는 상대가 긍정적인 감정을 느끼도록 하는 방법이 있을까?

그것은 상대에게 진심 어린 관심과 배려를 쏟는 것이다. 피드백의 순간만이 아닌 그 외의 시간에도 상대에게 긍정적인 감정을 지속적으로 심어주는 것이다. 비록 상대를 위한 것이라고는 해도 부정적인 피드백을 듣고 기분이 좋아지기는 어렵다. 하지만 두 사람

사이에 이미 끈끈한 신뢰가 형성되어 있다면 상대는 피드백의 의도를 의심하지 않고 순수하게 받아들인다. 평소에 쌓아둔 관심과 신뢰가 피드백으로 인한 상처를 덮어주는 것이다.

애플 대학교의 교수 킴 스콧Kim Scott은 상사가 직원들과 올바른 관계를 만들고 싶다면 개인적인 관심을 기울여야 한다고 말했다. 또한 상사는 직원에게 관심을 드러내면서도 미움받을 준비도 해야 한다고 전했다. 그녀는 그 외에도 피드백에서 중요한 몇 가지 원칙을 밝혔다. 그것은 피드백을 할 때는 해야 할 말을 정확히 전해야 한다는 것이다. 그리고 무엇보다 행동 변화, 즉 해결책에 집중해야 한다고 말했다.

킴 스콧이 구글에 막 입사했던 시절, 그녀는 자신의 성과에 대한 프레젠테이션을 진행했다. 프레젠테이션은 CEO였던 에릭 슈미트Eric Schmidt도 깜짝 놀라게 할 만큼 성공적이었다. 지금은 페이스북 COO인 셰릴 샌드버그Sheryl Sandberg는 킴의 하버드 MBA 동창이면서 그녀의 상사였다. 프레젠테이션이 끝난 뒤 셰릴은 킴을 따로 불렀다. "킴, 구글에서 대단한 경력을 잘 만들어가고 있네요." 칭찬에 이어서 그녀는 문제를 지적했다. "말할 때 보니까 '음…'이라는 말을 너무 자주 쓰던데 알고 있었나요? 저도 그랬던 적이 있었거든요. 교정해줄 전문가를 소개해드릴게요. 비용은 회사에서 부담할 겁니다." 킴은 고개를 끄덕이며 인정하면서도 그럴 필요까지는 없다며 손사래를 쳤다. 그러자 셰릴이 말했다. "킴, 당신은 정말 뛰어난 사람이에요. 하지만 '음…'을 계속 쓰는 건 멍청하게 들려요." 문제를 깨달은 킴은 이후 교정을 받아 잘못된 습관을 고쳤다. 어느 인터뷰에서 킴은 이 에피소드를 언급하며 이렇게 말했다. "당시에는 기분이 좀 나쁘긴 했지만 정말 중요한 피드백이었다는 사실을 금방 깨달았어요. 셰릴이 지적해주지 않았다면 나는 아직도 그 습관을 고치지 못했을 거예요."

셰릴은 좋은 피드백의 예를 잘 보여주었다. 그녀에게서 효과적인 피드백의 기술을 배워보자. 첫째, '개인적 관심'을 기울여 인간적인 관계를 쌓는다. 셰릴은 "구글에서 대단한 경력을 잘 만들고 있네요"라는 말로 킴의 성과를 격려했다. 평소에도 킴을 관심 있게 지켜보았다는 의미다. 게다가 킴은 사업 실패 후 구글로 입사한 상황이어서 외부의 인정이 간절히 필요했을 것이다. 셰릴은 이에 꼭 맞는 칭찬을 했다. 인간적으로 돈독해지면 신뢰가 쌓여 상사의 지적도 진심이 담긴 조언으로 받아들이게 된다.

둘째, 최대한 객관적인 사실만을 지적하고 인신공격이 되지 않도록 해야 한다. 셰릴은 킴에게 "'음…'을 계속 쓰면 멍청하게 들린다"라는 표현을 썼다. 피드백을 할 때 자주 저지르는 실수가 어떤 잘못을 상대의 인간적 결함으로 표현하는 것이다. 예를 들면 "당신 왜 그렇게 멍청해? '음…'이라는 말을 왜 계속 쓰는 거야!"라고 말이다. 셰릴은 킴을 분명하게 인정해주면서 단지 한 가지가 문제가 되고 있다고 정확히 말했다. 절대로 피드백이 개인에 대한 비난이 되어서는 안 된다.

셋째, 피드백의 내용이 상대방만의 문제가 아님을 밝히고 비슷한 사례를 알려준다. 그리고 명확한 해결책을 제시한다. 셰릴은 킴에게 자신도 같은 경험이 있었다는 점을 밝혔다. 그래서 킴의 문제가 본인만의 문제가 아님을 강조해 그녀가 위축되지 않도록 했다. 또한 습관을 고치라는 피드백 내용이 무가치한 것이 아니라 꼭 필요한 것임을 이해시켰다. 무작정 피드백을 던져주는 것은 좋은 피드백이 아니다. 좋은 피드백이란 상대가 피드백의 가치를 이해하도록 설명해주는 것까지 포함한 것이다.

그럼 피드백을 줄 때 구체적으로 어떤 식으로 말하는 게 좋을까? 비평가 진중권은 JTBC 〈속사정 쌀롱〉에 출연해 좋은 피드백(멘토)과 나쁜 피드백(꼰대)에 대해 이야기한 적이 있다. 멘토와 꼰대 모두 피드백을 하는 건 공통점인데 멘토는 남이 요청했을 때 한다. 그런데 꼰대는 남이 원하지도 않는데 자기 마음대로 충고를 한다는 것이다. 게다가 꼰대들은 자신의 경험이 진리인 양 상대에게 받아들이기를 강요한다. 반면 멘토는 충고를 하지 않고 자신의 경험을 바탕으로 상대가 참고할 예시를 제공한다. 우리는 모두 꼰대가 아닌 멘토가 되길 원한다.

꼰대가 아닌 멘토로서 피드백을 전하려면 '나'로 시작하는 문장을 사용하는 것이 중요하다. "이런 식으로 한번 해봐"라고 하지 말고 "만약 나라면 이런 식으로 할 것 같아"라고 해보자. "이 부분은 이렇게 하면 안 돼. 고쳐야 돼"라는 말은 꼰대의 말이다. 대신 "나는 이렇게 해보니까 되더라고. 이유를 가르쳐줄게"라고 말하자. "네 말은 잘 알아들을 수가 없어. 전달력 좀 키워"라고 하지 말자. "나는 정확히 여기부터가 이해가 잘 안 되네"라고 하는 편이 훨씬 좋다.

피드백은 주는 사람이 주도하면서 받는 사람은 수동적인 입장에만 머무는 활동이 아니다. 피드백을 받는 사람도 제대로 받아들일 수 있어야 피드백의 효과를 기대할 수 있다. 피드백을 줄 때까지 기다리지만 말고 먼저 요청할 수도 있다는 점 또한 명심하자. 상사에게 성과에 대한 평가를 부탁해보자. 만약 상사가 "잘하고 있어"라고 한다면 "어떤 부분에 대한 말씀이신가요?"라고 되묻자. 이 질문의 목적은 칭찬을 듣기 위한 것이 아니다. 내가 어떤 부분을 어떻게 얼마만큼 해내고 있는지를 파악하기 위한 것이다. 스스로를 객관적으로 평가하고 살펴보기 어렵기 때문이다. 스스로 끊임없이 발전하려는 의지를 가진 사람에게 피드백은 자신의 위치와 나아갈 방향을 알려주는 소중한 정보다.

이처럼 피드백을 잘 주고받는 것은 양쪽 모두에게 도움이 되는 일이다. 피드백을 받는 쪽만이 배움을 얻는다고 생각하기 쉽지만 그렇지 않다. 피드백을 주는 사람은 상대에게 집중하며 그의 문제를 해결하기 위해 고민한다. 또한 피드백을 전할 상대의 이야기에 귀 기울인다. 그 과정에서 피드백을 둘러싼 두 사람 모두 성장한다.

Check Point

[1] 올바른 피드백은 객관적인 사실만을 지적하고 명확한 해결책을 제시한다.

[2] 피드백은 주고받는 양쪽 모두를 성장시킨다.

35___ 언택트 시대, 어떻게 소통해야 할까

코로나19는 비대면 소통방식을 모든 대화의 기본 설정값으로 만들어 놓았다. 우리는 이전보다 훨씬 더 많은 이메일을 주고받고 화상회의를 하며 온라인 강의를 듣는다. 분명 편리하고 매력적인 장점이 있다. 시간이 절약되는 것은 물론이고 장소에 구애받지 않고 어디서든 생각을 나눌 수 있다. 하지만 실제로 만나서 나누는 대화의 깊이를 따라잡지 못하는 느낌이다.

모든 비대면 커뮤니케이션의 공통적인 어려움은 의도치 않은 오해가 생길 가능성이 크다는 점이다. 비언어 메시지가 실제 대화의 상당 부분을 차지한다는 점에서 이는 어쩔 수 없는 한계다. 특히 이메일처럼 문자로만 소통을 할 때는 상대의 감정을 읽기가 어렵다. 표정, 자세, 몸짓을 볼 수 없고 목소리도 들을 수 없으니 말이다. 맞장구를 치거나 고개를 끄덕이며 공감을 표현할 수도 없다. 인간적 유대감을 키울 기회가 차단된 셈이다. 우리의 의지와는 상관없이 비대면 소통을 선택할 수밖에 없는 현실에서 어떻게 해야 성공적으로 소통할 수 있을까? 최선의 비대면 커뮤니케이션을 함께 고민해보자. 먼저 가장 오해받기 쉬운 이메일과 최근 급증한 화상회의와 온라인 강의를 살펴보자.

이메일은 상대의 반응과 감정, 의도를 짐작하기가 어렵다. 그래서 자신만의 인식으로 내용을 판단하고 이해하기 쉽다. 때문에 상황에 따라 가장 나쁜 방향으로 생각이 흘러갈 수 있다. 예를 들어 이메일에 "보내주신 포트폴리오를 봤는데 정말 대단하신 분이네요"라는 내용이 있다. 그러면 이것은 '정말 훌륭한 포트폴리오입니다'라는 의미일까? 아니면 '겨우 이 정도를 포트폴리오라고 내다니 용기가 대단하네요'라는 비아냥일까? 기분이 별로 좋지 않거나 스트레스를 받았을 때는 같은 내용도 더 부정적으로 해석할 수 있다. 따라서 이메일을 읽을 때의 내 감정을 전적으로 믿는 것은 위험하다. 상대는 긍정적인 의도였을 수도 있고 딱히 별 의도라고 할 것이 없었을 수도 있다. 혹은 상대의 부정적인 반응은 어쩌면 내가 원인을 제공한 것일지도 모른다. 이메일을 확인하고도 일주일씩 연락이 없다고 선불리 불쾌해할 필요도 없다. 상대는 일부러 그런 게 아니라 정말 바쁘고 정신이 없어서 답장할 시간이 없었을 확률이 높다. 그런데 이런 종류의 오해는 너무도 흔해서 불필요한 감정 소모에 많은 에너지를 낭비하게 된다.

이메일에서 이런 오해를 줄이기 위해 먼저 해야 할 일이 있다. 본론으로 들어가기 전에 상대와의 친밀감을 만드는 것이다. 이메일에서도 상대와 신뢰 관계를 형성하는 라포 쌓기가 특히 중요하다. 앞서 이야기한 것처럼 비언어 메시지를 주고받기가 힘들기 때문이다. 그러기 위해 처음 이야기를 나눌 때만큼은 직접 만나서 하는 것이 좋다. 그마저도 어려운 상황이라면 전화라도 하자. 이런저런 이야기를 나누며 서로 간에 공감대를 만들어가려는 노력은 매우 중요한 과정이다. 이런 노력은 서로를 더 잘 이해하고 협력하게 만들어 결국 좋은 결과를 낳는다.

하버드 로스쿨 출신의 협상전문가 스튜어트 다이아몬드는 이메일에 대해 몇 가지 조언을 했다. 그중에서 가장 유용한 의견은 이메일 내용의 전반적인 어조를 알리라는 것이다. 이는 이메일에서 흔히 생기는 감정에 대한 오해를 막는 데 효과적이다. 예를 들면 다음과 같은 문장을 이메일에 적는 것이다. "기쁘고 감사한 마음으로 메일을 드립니다." "안타까움과 당황스러움으로 이 글을 쓰고 있습니다." 이렇게 구체적으로 감정을 드러내면 상대는 이메일의 의도를 쉽게 파악하며 읽을 수 있다. 또한 전달하려는 내용에 대한 오해를 줄이기 위해 명확한 설명을 덧붙이는 것이 좋다. 예를 들어 "무조건 다음 주까지 꼭 해주세요"라고만 쓰면 괜한 갑질처럼 들릴 수 있다. "다음 주를 조금 넘겨도 큰 문제는 안 되지만 그러면 다른 부분에서 많은 비용이 발생합니다." 이렇게 납득할 수 있는 이유를 설명하면 오해 없이 전달력을 높일 수 있다. 그리고 혹시 자신이 놓치고 있는 부분이 있는지를 꼭 물어보자. 여러 오해의 가능성을 항상 인지하고 확인하는 과정이 정확한 소통을 이끌어낸다.

이메일을 보내기 전에는 최종적으로 상대의 입장에서 다시 한 번 검토하자. 상대는 나의 메일을 예상보다 훨씬 더 나쁜 쪽으로 해석할 수 있다는 사실을 잊지 말자. 그리고 중요한 메일이라면 주변 사람에게 내용에 대한 검토를 받는 것도 도움이 된다. 그리고 무엇보다 흥분한 상태일 때는 이메일을 쓰지 않아야 한다. 아무리 객관적으로 쓴다고 해도 감정이 드러날 수밖에 없다. 당장 쓰지 않고는 못 배기겠다면 곧바로 보내지 말고 마음이 가라앉은 뒤 다시 검토해보자. 그대로 이메일을 보내면 두고두고 후회하게 될지도 모른다.

"이전보다 더 열심히 준비하는데 온라인 강의가 대면 강의보다 훨씬 힘들어요."

"화상 회의가 편리하긴 하지만 확실히 회의에 대한 집중력과 전달력이 떨어지네요."

재택근무와 온라인 수업이 늘면서 동시에 이런 불만도 늘어났다. 단순히 기술에 익숙지 않은 문제는 아니다. 이메일이나 전화보다는 나은 면이 있지만 화상 대화도 비대면 커뮤니케이션의 분명한 한계를 갖고 있다. 공간적 거리감이 있다 보니 서로 친밀감을 느끼기가 어렵다. 그래서 화상 대화에서도 라포를 쌓는 과정이 꼭 필요하다.

하버드 로스쿨 하이디 K. 가드너Heidi K. Gardner 교수는 재택근무에서 필요한 부분으로 대인관계를 강조했다. '가상의 티타임을 가질 것'이라는 재미있는 표현으로 잡담 시간을 만드는 것이 중요하다고 전했다. 개인적인 이야기를 나누며 동료애를 유지할 수 있기 때문이다. 화상 회의를 시작하기 전에 이런 시간을 공식적으로 마련하면 라포 쌓기가 가능하다. 서로 이름을 부르며 인사하고 따뜻한 미소로 안부를 묻는 노력이 유대감을 만든다.

화상 대화는 방송과 닮았다는 생각이 든다. 누군가와 소통해야 하지만 상대는 눈앞에 없다는 점이 그렇다. 카메라를 보며 이야기해야 하는 상황이 익숙하지 않다면 어색할 수 있다. 많은 사람들이 화상 대화를 할 때 화면에 시선을 고정하게 된다. 다른 사람들을 보기 위해서인데 그러면 정작 필요한 아이 콘택트가 어려워진다. 비록 같은 공간에 있지는 않아도 비언어 메시지를 전하는 아이 콘택트는 소통에서 중요한 역할을 한다. 대화에 적극적으로 참여하고 있으며 다른 사람들과 공감하고 있다는 표현이다. 따라서 계속 화면만 보지 말고 적어도 자신이 말을 할 때는 카메라 렌즈를 보는 것이 좋다. 그러면 다른 사람들의 집중력도 높일 수 있다.

화상 대화에 참여하는 사람이 많은 경우 여러 문제가 드러나기도 한다. 먼저 분위기 자체가 산만해지기 쉽다. 사람이 많아지다 보면 일부 사람들 위주로 발언을 하게 되는 경향이 생긴다. 게다가 화상 회의나 강의 중에 인터넷 서핑이나 채팅을 하는 것은 전혀 어려운 일이 아니다. 그래서 특히 참여자가 많을 때는 진행자를 정해두면 이런 문제를 줄일 수 있다. 또 이것은 회의의 집중도를 높이는 데만 효과가 있는 것이 아니다. 진행자가 참여자들의 이름을 불러가며 골고루 발언 기회를 주면 더 나은 합의에 이를 수 있다.

비대면 커뮤니케이션은 이제 선택적 소통 방식이 아닌 우리의 일상이 되었다. 우리는 지금 새로운 세상의 기준에 적응해가는 중인 것이다. 아직은 비대면 대화가 다소 불편하기도 하고 어렵지만 분명한 장점도 있는 게 사실이다. 어려운 상황 속에서도 다른 사람들과 자유롭게 소통할 수 있다는 것은 정말 놀라운 일이다. 비대면 대화의 한계를 잘 이해하는 것이 첫 번째 과제일 것이다. 그리고 그 한계를 보완하려는 노력이 필요하다. 그러면 비대면 대화는 더 이상 어려운 대화가 아닌 편리한 대화로 모습을 바꾸게 될 것이다.

Check Point

[1] 비언어 메시지가 제한되는 비대면 커뮤니케이션에서는 라포를 쌓는 과정이 중요하다.

[2] 비대면의 한계를 보완하려는 노력이 있을 때 새로운 소통 방식의 장점을 누릴 수 있다.

36___ 말을 잘하는 방법이 정말 있나요?

"어떻게 하면 말을 잘 할 수 있나요?"라는 질문을 자주 받는다. 또 이와 함께 많이 듣는 말이 "말을 잘하는 방법은 알고 있지만 연습할 시간이 없어요. 어쩌죠?"이다. 첫 번째 질문에는 이 책이 어느 정도 답이 되었으리라 생각한다. 두 번째 질문을 들으면 주로 이렇게 대답한다. "말하기 연습의 장점은 따로 시간과 장소를 마련할 필요가 없다는 거예요!" 악기나 노래 연습은 방음이 되는 연습실이 있어야 하지만 말하기는 그렇지 않다. 게다가 일상에서 실전 연습도 할 수 있다. 여러 사람 앞에서 발표나 강연을 한다면 좀 더 구체적인 연습과 시간이 필요하겠지만 일반적인 말하기는 이 책에서 말한 좋은 대화의 원칙(인간의 5가지 욕구, 경청, 라포 쌓기, 이름 불러주기 등)을 일상에서 지키는 것만으로도 나아질 수 있다. 언젠가 대화법과 다이어트에 관한 책은 절대 사라지지 않을 거라는 우스갯소리를 들은 적이 있다. 그만큼 실천이 힘든 분야라는 이야기다. 그럼에도 의지만 있다면 실전은 곧 훈련이 된다. 말하기를 연습할 시간을 따로 두려 하지 말고 매일 마주하는 모든 대화에 원칙을 적용해보자. 당연한 말이지만 말하기 기술은 부단한 시도와 노력으로 만들어진다.

호감을 얻고 기회를 만드는 대화를 하고 싶다면 적극적인 준비가 필요하다. 상대에 대한 정보를 미리 알아두면 매끄러운 대화로 이끄는 데 적절히 활용할 수 있다. 상대를 인정해주고 관심을 표현하며 상대와의 유대감을 쌓기가 수월해지기 때문이다. 이전에 만난 적이 있는 사람이라면 상대에게 들었던 이야기들을 다시 꺼내보자. 상대는 쉽게 마음을 열고 더 깊이 있는 대화를 나누고 싶어 할 것이다. 나는 인터뷰를 하기 전 출연자에 대해 많은 정보를 모으고 공부한다. 직업상 마땅히 해야 할 과정이다. 그럼에도 출연자들은 감동한다. 일반적인 대화라면 그 효과는 훨씬 더 클 것이다.

'남들 앞에서 말하기'는 많은 사람들이 가장 두려워하는 일 중 하나다. 그리고 발표나 강연과 같은 1대 다수의 대화를 잘하고 싶다면 답은 충분한 준비와 연습뿐이다. 나는 방송 준비를 할 때 머릿속으로 상황을 그리며 소리 내서 말해본다. 출연자가 할 말을 예상해 실제 대화인 것처럼 감탄도 해보고 질문도 한다. 이때 녹음을 하거나 영상을 찍어 나쁜 습관이나 어색한 부분은 없는지 이야기의 흐름은 자연스러운지 확인한다. 집에서도, 운전할 때도, 샤워할 때도 반복해서 연습한다. 실제 대화는 연습과 다르게 흘러가는 경우가 많지만 연습은 확실한 도움이 된다. 나뿐만 아니라 방송인, 강사들은 각자 자신만의 방법으로 반드시 말하기 연습을 한다. 토크쇼의 제왕으로 불리는 래리 킹Larry King도 항상 따로 연습을 했다고 한다. 즉흥적으로 떠오르는 말들을 해보거나 강연이나 방송에서 해야 할 말을 소리 내서 연습했다. 여전히 세계 최고의 프레젠터로 기억되는 스티브 잡스도 철저한 준비를 했던 것으로 유명하다. 그는 한 번의 프레젠테이션을 위해 무려 6개월 동안 치밀하게 준비했다고 한다. 준비 기간이 끝나 가면 2주 동안 실전과 같은 연습을 반복하며 문제를 고쳤다. 프레젠테이션 며칠 전에는 실제 장소에서 수없이 리허설을 반복했다. 조명, 슬라이드 체크는 물론 무대에서의 동선과 제스처, 시선 처리까지 완벽히 준비했다. 이런 준비는 그가 유명세를 떨칠 때에도 마찬가지였다.

잡스처럼 하기까지는 어렵더라도 남들 앞에서 말할 장소에 미리

가보는 것은 큰 도움이 된다. 장소에 익숙해지는 것만으로도 긴장을 줄이고 상황을 예측하기가 쉬워진다. 장소에 대한 정보가 있으면 구체적으로 머릿속으로 그리며 연습하는 데도 훨씬 효과적이다. 미리 가볼 수 없는 상황이라면 인터넷이나 경험자를 통해 최대한 많은 정보를 얻은 뒤 머릿속으로 시뮬레이션해보자. 더 많은 경우의 수를 대비할수록 실수를 줄일 수 있고 실수를 하더라도 빠른 수습이 가능하다.

《정의란 무엇인가》의 저자이자 하버드 대학교 교수인 마이클 샌델Michael Sandel은 해마다 수많은 강연을 진행한다. 그의 강연이 워낙 유명하다 보니 항상 각계각층의 청중들이 모인다. 샌델로서는 매번 다른 청중 앞에서 강연을 하는 상황이 쉽지만은 않을 것이다. 그는 예측이 어려운 강연을 준비하는 비결로 '화제 전환'을 꼽았다. "저는 한 번의 강연에서 여러 번 화제를 전환합니다. 이런 경우가 꽤 자주 생겨요. 그래서 강연 한 번을 위해 미리 180개 정도의 화제를 준비합니다. 할 말이 없는 난감한 상황을 대비하기 위해서죠." 나도 행사에서 사회를 보거나 강의를 해야 할 때 미리 비상용 화제를 준비한다. 그리고 대부분 그 화젯거리를 사용해야 할 상황을 맞이한다. 평소 다양한 화제를 준비해두면 어떤 대화에서도 여유롭게 상대와 가까워질 수 있다. 이때 너무 어렵거나 민감한 주제는 피하고 시의성이 있으면서 무난한 주제가 좋다. 신문은 화제를 모으기에 아주 적절한 매체다. 청중을 예측해서 그들이 관심 가질 만한 주제에 대해 검색해 보는 것도 좋은 방법이다.

말하기를 잘하는 방법을 알려달라는 질문만큼 많이 듣는 것이 '어떻게 하면 많은 사람들 앞에서 말할 때 떨지 않을 수 있냐는 것'이다. 이 질문에는 두 가지로 대답할 수 있다. 첫 번째는 역시 철저한 준비와 연습이 해결해준다는 것이다. 준비는 마음의 여유를 만들어주기도 하지만 무엇보다 스스로에 대한 믿음을 키워준다. 준비가 잘 되어 있을수록 자신감이 생기고 이는 긴장과 실수에 대한 위험을 낮춰준다. 그럼에도 다수의 사람들 앞에 서는 것이 불안하다면 두 번째 방법으로 마인드 컨트롤을 제안한다. 일반적으로 발표를 앞두고 긴장한 사람에게는 마음을 편하게 먹으라는 조언을 한다. 하지만 이는 별다른 효과가 없다. 하버드 비즈니스 스쿨의 앨리슨 우드 브룩스Alison Wood Brooks 교수는 조금 색다른 조언을 했다. 이럴 때는 '침착하자'보다 '신난다'라고 생각하는 편이 도움이 된다는 것이다. 그는 다음과 같은 실험을 통해 이 내용을 증명했다.

브룩스 교수는 대학생들에게 자신이 훌륭한 협력자임을 설명하는 연설을 하라고 했다. 그리고 동료 학생들로 이 연설을 평가할 위원회를 구성했다. 연설을 준비할 시간이 2분밖에 주어지지 않아

학생들은 불안한 모습을 감추지 못했다. 연설을 하기 전 브룩스 교수는 연설할 학생들을 무작위로 두 집단으로 나누었다. 그리고 한 집단에는 "침착하자"를, 다른 집단에는 "신난다"를 소리 내어 말하도록 했다. 이 단어의 차이만으로 두 집단은 매우 다른 결과를 보여주었다. "신난다"라고 말한 학생들은 "침착하자"라고 말한 학생들보다 연설에서 높은 평가를 받았다. 자신의 감정을 "신난다"로 표현한 학생들이 설득력은 17%, 자신감은 15% 높았다. 게다가 그들의 연설 시간은 '침착하자'라고 말한 학생들보다 평균 29%나 길었다. 강렬한 감정을 애써 억누르는 것은 빠르게 달리는 자동차를 급정거시키려는 것과 같다. 그러면 자동차에는 움직이려는 관성이 남아 있게 된다. 쉽지도 않을뿐더러 위험하다. 이 방법은 떨리는 감정을 억누르는 게 아니라 비슷한 다른 감정으로 전환하는 것이다. 떨리는 감정의 힘과 속도를 그대로 유지하면서 방향만 자신에게 유리한 쪽으로 바꿔준다.

많은 부분에서 대화는 운동과 비슷하다. 분명 타고난 재능을 가진 사람들이 있다. 그들은 이미 대화를 통해 자신이 원하는 것을 얻는 방법을 알고 있다. 그래서 스스로 더 열심히 대화의 기술을 갈고 닦는다. 그에 반해 재능이 다소 부족한 사람은 더 많은 준비와 연습이 필요하다. 하지만 선천적으로 타고난 재능이 있든 없든 배우고 노력해야 한다는 점은 같다. 그리고 말하기 기술은 노력하는 만큼 향상된다. 결국 노력만이 답이다. 대화에서 무엇을 얻고자 하든 그 답은 자신에게 달려있다는 사실을 잊지 말자.

Check Point

[1] 언제나 대화의 원칙을 기억하자.

[2] 결국 준비와 연습만이 말하기를 완성한다.

대화의 품격

초판 1쇄 발행 2020년 12월 30일
초판 3쇄 발행 2023년 2월 20일

지은이 김지현
발행인 안병현
총괄 이승은 **기획관리** 박동옥 **편집장** 임세미
기획편집 정혜림 김혜영 한지은 **디자인** 이선미 박지은 용석재 **마케팅** 신대섭 배태욱 **관리** 조화연

발행처 주식회사 교보문고
등록 제406-2008-000090호(2008년 12월 5일)
주소 경기도 파주시 문발로 249
전화 대표전화 1544-1900 **주문** 02)3156-3889 **팩스** 0502)987-5725

ISBN 979-11-5909-582-5 03320
책값은 표지에 있습니다.